スペシャリスト直伝！

小学校

音楽科授業 成功の極意

首藤 政秀 著

明治図書

はじめに

心の琴線が震えることを「感動」と定義するのならば，教育課程の中で，音楽が一番「感動」を伝えられる教科ではないかと思っています。

私の記憶に残っている最初の感動体験は，忘れもしない私が小学校４年生，ヤマハの金管バンドが来校し，その演奏を聴いたときのことです。

トランペットやトロンボーンが高らかに鳴り響き，ドラムがご機嫌なビートを刻み，体育館の空気と私たち小学生の心を揺さぶりました。その演奏を聴いたとき，何かおしりから背中あたりがむずむずし，鳥肌が立ち，頭の奥がジーンとしびれて気持ちが高鳴った感覚を味わいました。その響きは心の奥底で凛と鳴り，今も響き続けています。

目の前の子どもたち，そしてこれから出会う子どもたちに「感動」を味あわせたい，一生を通じて音楽によって体感した「感動」がその子の人生の「支え」や「彩り」になってくれれば，という思いを常に持って授業に臨んでいます。

また，教室で子どもが気に入った曲を満面の笑顔で楽しそうに歌ったり，合唱曲を卒業式や音楽会で気持ちを込めて歌ったり，一生懸命担当の楽器の練習をし，みんなの気持ちをそろえて合奏したりするのを聴くと，同じように心の琴線が震え，感動します。

この書籍は，私のつたない実践をまとめたものですが，手に取ってくださった方のその先の，子どもの笑顔や感動に繋がってくれれば嬉しいなと思います。この本に出逢ってくださり，ありがとうございます。

2017年８月

首藤　政秀

CONTENTS

スペシャリスト直伝！
小学校音楽科授業　成功の極意

CHAPTER 2

音楽授業が盛り上がる！おすすめ活動アイデア

CHAPTER 3

知的な音楽授業をつくる！領域・分野別授業アイデア

CHAPTER 4

音楽が大活躍する！学級・学年イベント

COLUMN

音楽の力でクラスは変わる！

「小学校の先生って大変よね〜。だって，全教科教えるんでしょ？　特に私，ピアノ弾けないから，音楽なんか絶対無理！　尊敬するわ〜」

このフレーズを見て冷や汗をかいた人，この本を手に取って読むのに一番ふさわしい方です。

人間形成においてもっとも大きな影響があるこの初等教育（小学校６年間）で子どもは，劇的に変化していくし，この後の一生を生きていくのに必要な多くのものを学びます。

音楽の与える影響は，より人生を豊かにする上で大事なものだと確信しています。どの教科でも言えることですが，教える先生が得意だと感じている教科は子どもも好きになり，得意になります。反対に先生が苦手だと感じている教科は，子どももあまり好きでなくなり，苦手になっていきます。

小学校のよさは，バランスよくすべての教科を経験することだと思います。そして，できればどの教科もその教科の世界の深さをちょっとでも感じられたら言うことなしだと思います。

私の専門は実は社会科で，専門的に音楽を学んだことはありません。ただ，趣味で音楽活動をしていたその延長線で，この教科を面白くできたらと思い，色んな研修会，研究発表会，実技講習会，ワークショップ，コンサート，ライブに参加してきたので，音楽を教えることに関してはスペシャリストと呼んでいただいてもよろしいかと思います。

そして，その中から学んできたことを，小学校の教育現場でどう生かしていけるか試行錯誤してきました。結果，多くの諸先輩の実践をはじめ，音楽家の方々，作曲家，演奏家，パフォーマーの方などからいただいたアイデア，心の持ち方，情熱を私なりにアレンジして，目の前の子どもたちに届けています。何より，自分が一番楽しんでいるといった状況でしょうか。

新採用１年目の夏休みにあった音楽の実技講習会である講師の先生から，「学級経営は音楽を中心にするとうまくいく」というお話を聞きました。そのときの内容は今でも鮮明に覚えており，次の３つは私の学級経営の中心となっています。

当たり前のことをきちんとする　→　あたきち運動
当たり前のことに感謝する　→　あたかん運動
そしていつもクラスに歌声があふれていればそれはいいクラスなんだ

「当たり前のことをきちんとする」のは，基本的生活習慣，学習習慣，そして係り活動など自主的な活動のこと。

「当たり前のことに感謝する」のは，いつも当たり前に使っている場所や道具，教えてくれている先生，一緒に勉強しているみんな，そしてそれを支えてくれている家族に感謝するという意味。給食当番や，掃除当番などの当番的活動はこの中に入ります。

最後のこの言葉，「そしていつもクラスに歌声があふれていればそれはいいクラスなんだ」。私は当時，ピアノは弾けなかったけれど，学生時代ちょっとだけギターをかじっていたのでギターで伴奏ができました。そこで，朝の会や帰りの会，また何かあったときにはいつも，子どもが乗れる曲を選んではクラスみんなでたくさん歌いました。

今でも私の受け持ちだった子はみな口をそろえて「小学校の頃の思い出って，勉強したことは覚えてないけど，みんなでひたすら歌ったり，リコーダー吹いたこと，みんなで遊んだこと，そして先生に怒られたことだけは覚えているな～」と笑いながら言います。

そして，大人になった今，同窓会などで私が伴奏すると，歌詞をはっきり覚えてみんな歌うことができます。音楽って一生響き続ける「音」や「感動」を伝えられる素晴らしいものだと思います。

あなたもさぁ，そんな素敵な世界へ一緒に行きましょう！

音楽授業の不安をなくす！超基本スキル

1 授業開始はどうする？

①　腹筋トレーニング

チャイムが鳴って授業がはじまるまでの数分間，腹筋をするという取り組みの紹介です。

息を吐いて吸うことが，歌を歌ったり，リコーダーを演奏するときにとても重要になります。その際，腹式呼吸で深く，素早く息を吸えると声がよく出るし，音も安定してきます。体の使い方を口で説明するのは難しいですが，こういった運動をして自分の体の部位をちょっと意識することを習慣化すると，子どもの歌声や，演奏が変化してきます。

授業を教室でするか，音楽室でするか，担任がするか，音楽専科の先生がするかで状況は若干違ってきますが，基本的な取り組みを以下に紹介します。

・場所

教室の場合………廊下や教室の後ろなど空きスペースで
音楽室の場合……腹筋コーナーをつくったり，教室の場合と同じく廊下や教室の後ろなど空きスペースで。体育のマットや，余ったカーペットなどを敷いてするのもＯＫ

・回数

６回×学年　　１年生＝６回　２年生＝12回　３年生＝18回
　　　　　　　４年生＝24回　５年生＝30回　６年生＝36回

・やり方

授業開始のチャイムが鳴り終えるまで，または音楽をかけておいて，その音楽が鳴り終わるまでに，腹筋を終わらせ席に着く。

間に合わなくてもペナルティーはなし。

かける音楽はそのとき流行っているものが盛り上がります。特にテンポが軽快なものがおすすめです。テレビアニメの主題歌やドラマのテーマソングなどは，喜んで取り組みます。

授業導入時に腹筋を意識させておくと，いい準備運動になり，その時間の活動がより盛り上がります。

【写真１，２　腹筋の様子】

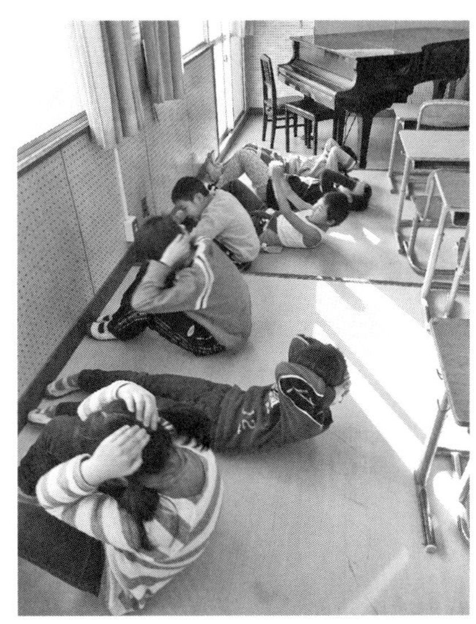

②　リズム遊び

授業のあいさつをした後は，リズム遊びをすることが効果的です。前の時間との気持ちの切り替えをはかる意味もあります。

定番の遊びを毎回するのもいいですが，毎回同じだと子どもも飽きてくるので，変化を付けることが大事になります。

同じリズム遊びでも，難易度を上げる（早くする，回数を増やす，種類を増やすなど）ことで変化を付けるのと，違うリズム遊びを取り入れることで変化を付けることができます。

また，最初は教師が主導でリズム遊びをした方がやり方が分かっていいですが，慣れてきたら子どもに任せる，などの変化を付けるのも有効です。リズム遊びの詳細については，Chapter２ ②「子どもたちが夢中になる！音楽ゲーム」を参照ください。

③　「もろびとこぞりて」のアレンジ歌詞で面白発声練習

【楽譜　「もろびとこぞりて」のメロディー】

クリスマスソングの定番，賛美歌としてもよく歌われているこの「もろびとこぞりて」を私はよく，発声練習で使っています。

Ｋｅｙ（調）は，原曲ではニ長調ですが，最初はイ長調（最初の音がラ）位の高さから，歌います。

歌詞は「ドーシーラソーファミーレードー　ソラーラシーシドーー」で歌います。

伴奏についてですが，私はがんばってピアノを練習し，12すべてのＫｅｙ（調）で弾けるようになりました。しかし，それはちょっと難しいので，メロディーだけ（左手のベース音だけ）12のＫｅｙ（調）で弾く，転調機能があるキーボードで伴奏，ＭＩＤＩデータ対応の楽器で転調させるという方法もあります。詳細は，Chapter２ ④「授業で大活躍！あると便利な楽器リスト」を参照ください。

Ａ（イ長調）からはじめ，半音ずつ音を高くしていきます。そのときの調子にもよりますが，最後はＧ（ト長調）くらいまで歌います。

どの音まで出す訓練をするかというと「最終的に歌わせたい曲の最高音の１つ上の音まで」と私は決めています。

例えば，６年生を受け持ち，「旅立ちの日に」を卒業式で歌おうと考えていたら，この歌の最高音はサビの「このひろい，おおぞらへ」の「おお」（２つ目の「お」）で，Ｆ（ファ）の音になります。その場合は，先ほどの例のようにその１つ上のＧ（ソ）まで，練習のときから出すようにしています。

「ドレミ」で歌う以外に，発声練習が楽しくなるおすすめ歌詞を，以下に紹介します。

・あ列シリーズ

ラーラーララーララーラーラー，ララーララーララーー
マーマーママーママーマーマー，ママーママーママーー
パーパーパパーパパーパーパー，パパーパパーパパーー

・人をほめるシリーズ

○○せんせいー，かっこいいーー，かーっこーいいーー
△△さん，ありがとうー，ありーがーとーー
□□さん，おめーでとう，たんーじょーびー
☆☆さん，なわとびー，じょおーずーだねー

・行事や近況を盛り込む

あーしーたはーえんそくー，うれーしーいなーー
きょうのーきゅうしょくー，カレーラーイスーー
ごーじーかんーめプールー，たのーしーみだーー
そーらーがーあおーいーよー，くもーもうーかぶーー
ゆーきーがーふったーよー，そとーであーそぼーー

④　授業の最初に「聴かせたい音楽」

音楽の教育課程で，「鑑賞」がありますが，それ以外でも，ぜひ子どもにこのタイミングでこの曲を聴かせたいなーという思いがわき上がってきたときは，授業の最初にそういった曲を流します。

私は個人的にジャズやラテン音楽，洋楽などが好きなので，日頃，学校では子どもたちがあまり聴かないジャンルの曲を選んでいます。

また，「オリジナル」の曲の存在も大事にしています。例えば，「オーラ・リー」は，エルビス・プレスリーの「ラブ・ミー・テンダー」がオリジナルなので，ある程度「オーラ・リー」を演奏した後でプレスリーをかけます。すると子どもたちは，「あれ？　何か聴いたことがあるけど～??」と，最初

は「？」な表情をしていますが，ある子が「分かったー!!」と言ったのをきっかけに，みんな笑顔で「あー！　オーラ・リーだ！」と納得するのです。

最近はＪ－ＰＯＰや洋楽の楽曲も教科書に取り上げられる時代になりました。先生世代なら知っているそういった曲のオリジナルも，子どもは知らないことが多いので，こういった鑑賞もおすすめです。

さらに，家に帰ってお父さんや，お母さんと音楽で聴いた曲の話題で盛り上がったという日記を見ると，こちらもニヤリとなります。

・「オーラ・リー」と「ラブ・ミー・テンダー」（エルビス・プレスリー）
・「ロンドン橋」イギリスの遊び歌：英語の歌詞
・「小犬のビンゴ」アメリカの遊び歌：英語の歌詞
・「ドレミの歌」「エーデルワイス」とミュージカル映画「サウンド・オブ・ミュージック」の中の原曲
・「パフ」とピーター・ポール＆マリーの原曲
・「茶色の小びん」とグレンミラー楽団の原曲
・「コンドルは飛んでいく」とサイモン＆ガーファンクルのカバー

⑤　ハモってあいさつ

文字通り，授業の最初のあいさつを「ド・ミ・ソ」の和音であいさつするという方法です。

＊あらかじめクラスを３つのグループに分けておき，
Ａグループ：ドの音で「こんにちはーーーーーーーーーーーー」
Ｂグループ：ミの音で　　　「こんにちはーーーーーーーーー」
Ｃグループ：ソの音で　　　　　　「こんにちはーーーーーー」
せーの，一緒に　　「こんにちはーーーーーーー」

模範演奏・伴奏はどうする？

①　自分で演奏

まずは，何事もチャレンジ。ピアノは多くの都道府県の教員採用試験で必須だと思います。

段階的に伴奏の方法をあげてみたいと思います。自分がどの段階か認識し，長期の休みに練習されてもよし，②以降の方法を取ってもよし。

先生に苦手意識があると，それは授業を受ける子どもにも影響します。うまく弾けないときは，別の魅力で子どもをひきつければそれでいいのだと思います。

自分の伴奏レベルをチェック！

1級・教科書付属の本伴奏を弾ける	（名人）
2級・教科書付属の簡易伴奏を弾ける	（達人）
3級・コード記号を見ながらなんちゃって伴奏	（ごまかし名人）
4級・メロディーを片手で演奏	（右手名人）
4級・左手のパートを演奏	（左手名人）
5級・コード記号の根音（ルート）だけを演奏	（これでもＯＫ！）

意外に思われるかも知れませんが，５級の伴奏でも，結構歌いやすいと子どもたちには好評です。低音のベース音があると安定感があるからでしょう。

また，学生時代ギターをかじった方，３級がギター伴奏でできます。ピアノだと，立ち歩いて演奏ができません。しかしギターだと，子どもと向かい合い，直接顔を合わせ，表情を見ながら伴奏できるので，ギターが弾ける方はぜひ挑戦してみてください。

ギターの場合，ピックでストロークだと音が大きく伴奏向きですが，これはアルペジオで演奏した方がいいなという曲は，ギターにピックアップを装着し，アンプにシールドをつなげて演奏すると，音も大きくなり，かなりの人数に対応した伴奏もできます。

ただ，どの場合も自分が弾くことに集中して，子どもの声が聞こえていなかったり，表情が見えていなかったら，それは，「よい伴奏」とは言えないと思います。

②　ＣＤで伴奏

伴奏ができない方の多くはこの方法を取られているのではないでしょうか？　以下のような「春の小川」のＣＤを例に，活用の手順とポイントをみていきましょう。

例：「春の小川」
　１トラック：オーケストラ伴奏による範唱
　２トラック：オーケストラによる伴奏
　３トラック：ピアノ伴奏による範唱
　４トラック：ピアノによる伴奏

①　同じ曲で複数のトラックがある場合，はじめに，どの順番，どの活動，どのトラックを使用するか，見通しを立てておく。
②　まずは，歌詞を見ながら「４トラック」を聞いて，曲のイメージを持たせる。
③　次に「３トラック」を聞いて，歌のメロディーを確認する。
④　「３トラック」を何度か繰り返し流し，メロディーを覚える。
⑤　まだ自信がない子のために，旋律だけをピアノで取る。
⑥　「４トラック」で，メロディーを覚えたか確認。
⑦　慣れてきたら，朝の会や帰りの会で歌う場合，変化を持たせゴージャス

な「２トラック」で歌を歌う。

⑧　全校に流す，給食時間の放送で全校のみんなに歌を紹介する，などの場合は，「１トラック」のゴージャスなオーケストラ伴奏による歌を聴いてもらう。

＊持ち込み教材の場合の注意点

教科書会社の付属ＣＤは，同じく付属の伴奏譜とＫｅｙ（調）が一致しているので，音をピアノで取ったり，楽譜を見てＣＤで歌うとき何ら問題はありません。

しかし，市販の楽譜やＣＤを使用するときは，楽譜とＣＤのＫｅｙ（調）が一致しているか確かめておかないと，歌えなかったり，歌いにくい場合があるので要注意です。

傾向としては，最近のＪ－ＰＯＰの曲では，原曲のＫｅｙ（調）が高い場合が多いです。昔に比べるとどの歌い手も高い声を出すようになってきたという背景があります。

子どもの声で響かせやすい音域帯は，ト音記号下の下２線Ａ（ラ）から，上は五線譜第５線のＦ（ファ）までです。できれば，児童合唱用に編曲（アレンジ）された楽譜やＣＤを探し，子どもに歌わせるのが楽しく歌える秘訣です。

③　ミュージックテクノロジー

最近は音楽教育もテクノロジーの時代。いろんな機器やデータをうまく使いこなすことができると，ピアノ伴奏を自分がする以上の教育的効果がある指導法がたくさんあります。

ポイント　1　かけたい曲をまとめる

ＣＤを何枚も授業の途中で替えるのは，時間のロスですし，児童の活動や視線，意欲がそこで途切れてしまいます。

ポイント　2　まとめたものから，再生する（つなぐ・とばす）

そこで，この発想ですが，授業で使う曲のデータをｉＰｏｄや，ｉＰａｄ，ウォークマンなどの機器にまとめて入れておき，それを学校にあるステレオにつないだり，ブルートゥースでステレオにとばしたりすると，スムーズに授業が進められます。

運動会や学芸会，音楽会などの行事のときにも，この方法は有効で，何枚ものＣＤを出したり入れたりしながらかける必要がなくなります。

また，いつでも曲の入れ替えが可能なのでどんな場面にも使えます。

ポイント　3　ＭＩＤＩを使う

あと，ここで，ぜひ紹介したいのがＭＩＤＩです。このＭＩＤＩは，mpeg や wav やＣＤのデータのような実際の音のデータではありません。

曲の１つ１つの音の高さ，強さ，長さ，楽器の種類などを示したデータのことで，イメージとしては，電子版の楽譜のようなものです。歌の上のパート，下のパート，ピアノ伴奏，ドラムなどのリズムというふうに，複数のパートを同時平行に記録できます。

楽譜（ＭＩＤＩデータ）だけ持っていても音楽は演奏できません。それを再生する楽器が必要です。ＭＩＤＩを再生できる楽器は，ＭＩＤＩ規格の電子楽器や音源モジュールなどです。人が楽譜を見ながら演奏するように，電子楽器がＭＩＤＩデータを読み込んで自動演奏します。

このＭＩＤＩは楽譜のルールと同じで，世界統一規格です。違うメーカーの電子楽器を使っても同じ演奏をするように統一させた規格です。

これを使うと，曲のＫｅｙ（調）を変えたり，テンポを変えたりできるので，授業での効果的な指導につなげられます。

ポイント 4　Ｋｅｙ（調）を変化させる

例えば，１，２時間目，朝の早い段階の授業で声が出にくい場合は，Ｋｅｙ（調）を低くしたところからスタート。だんだん声が出るようになったら，もとのＫｅｙ（調）に戻して歌う。さらに調子がよければ発声練習的な意味も含めて，原曲より高いＫｅｙ（調）で歌ってみる，など自由に変化させることができます。

ポイント 5　テンポを変える

また慣れた曲では，わざとテンポを速くしたり，遅くしたりして変化を楽しみ，やっぱりもとのテンポがその曲に一番合っている，ということを感じ取らせたりすることができます。

ポイント 6　パート練習に使う

二部合唱，三部合唱の練習になると，２つ，または３つの旋律を同時に練習していきます。伴奏，上のパート，下のパート，（真ん中のパート）とあるときに，このＭＩＤＩだと，そのどれかだけを再生することができます。

例えば，下の旋律を練習する場合を説明します。この場合，ＭＩＤＩは，①伴奏のデータ，②上のパートのデータ，③下のパートのデータ，の３つのデータで構成されているものとします。

・③「下のパート」だけを鳴らして，音を取る練習
・③「下のパート」と，①「伴奏」を鳴らして，慣れさせる
・①「伴奏」だけを鳴らして，歌えるか確認
・①「伴奏」と②「上のパート」を鳴らして，さらに確認

こうして，スモールステップで音取りをすると，難しい二部合唱でも，音をきちんと取ることができます。また，ＭＩＤＩデータ対応のキーボードが複数あれば，各パートごとに集まってパート練習をすることもできます。

COLUMN 01

曲の前奏・間奏・後奏の働き

歌や合奏など何か音楽を奏でるとき，自分が演奏しない部分こそ大事な時間になります。具体的には前奏，間奏，後奏の部分です。

前奏はその曲の頭で，聴く者にも演奏する者にも，この曲はこんなテンポで，こんな曲調で，こんな世界をこれからお聴かせするんですよ～という導入の意味を持っています。歌い出し，演奏の第１音を出すまで，演奏者同士はもちろん，聴衆とも同じ空気感，一体感をつくる上でとても重要です。指揮者が構えたところで演奏する側も歌う姿勢を取ったり，楽器を構えるのはその準備をするためです。

間奏は２番やサビを迎えるまでに，いったんクールダウンしたり，さらに高揚させて次の出だしの空気感をつくっています。

後奏はその曲の終わりに当たり，余韻を持たせる最も重要な大事な役割があります。間奏はじまりや，後奏はじまりで演奏者が「あ～終わった」と思い，気を抜くと演奏者，聴衆でつくっている音楽の一体感が崩れてしまいます。そう言った意味で，後奏に意識を持つことはとても大事になります。最後の音の響きの振動が無くなるまで，みんなでその余韻を共有します。すると何かじわーと感じるものが必ずあります。

教室環境や音環境はどうする？

まず，環境面では，目にするものについてです。視覚の情報というのは，繰り返し見ることで頭に入ったり，強化されていきます。

長い期間取り組む歌や合奏は，模造紙にその歌詞や階名を書いて教室のどこかに掲示するのがいいですね。授業中に扱った表現上の工夫（強弱，気を付けること，音など）は色を変えたカラーペンで書いておくと，次の授業で確認が自然とできます。

次に，〔共通事項〕の記号や，楽典としての楽譜の決まりや，リコーダーの指番号なども掲示しておくと，年間を通して身に付いてきます。

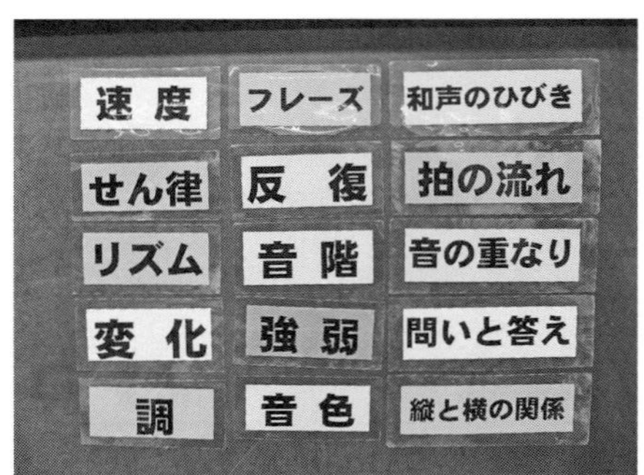

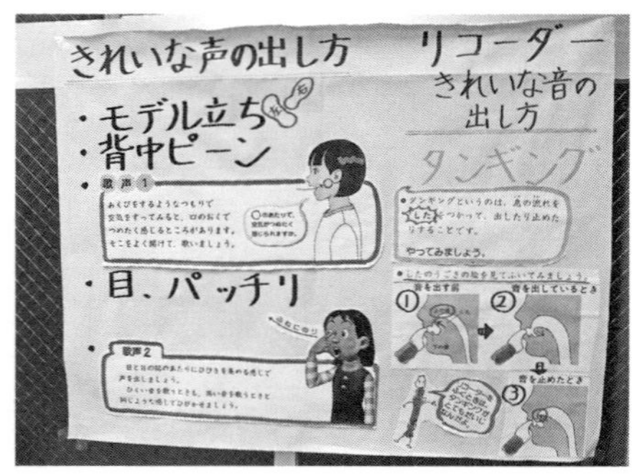

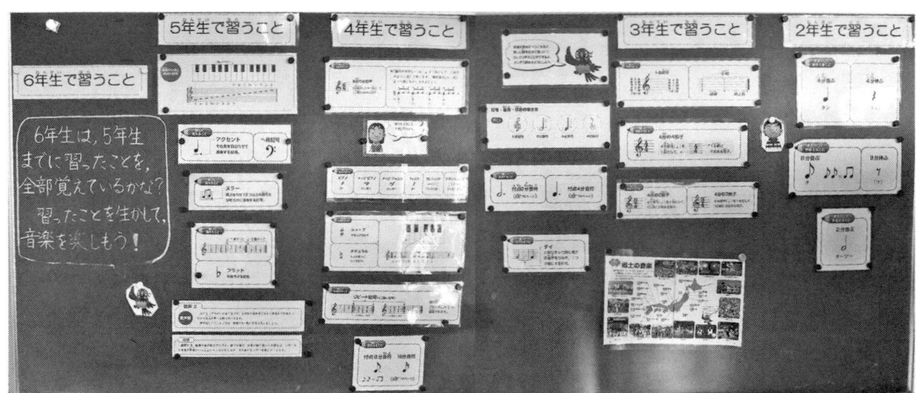

次に，音についての環境ですが，クラスにあるオルガンは基本的に先生がいなくても弾いてよいことにしています。コンセントを抜く，コンセントをまとめる，イスを中に入れ，元の位置に戻すことは約束しておきます。

あと，必ずクラスにあるＣＤなどを再生するプレーヤーについてです。保管場所に気を遣ってください。黒板近くでかぶせるカバーも付けずに使っているとチョークの粉がレンズ部分に入ってしまい，故障の原因になります。おそらく備品登録している学校の物で一番消耗しているのがこのラジカセではないでしょうか？

先生が大事にしている姿を子どもに見せるだけで，音楽以外の大事なことを子どもに伝えるメッセージになります。

音楽授業の板書はどうする？

音楽の授業を教室でするか，音楽室でするかによって大きく違ってくると思います。具体的には，五線譜の書かれた黒板（ホワイトボード）があるかないか，という点ではないでしょうか。

① 貼り物

自分のクラスで授業する場合は，いわゆる「貼り物」をうまく活用することをおすすめします。五線譜が黒板に書かれていないので，模造紙や，大型プリンターで印刷した楽譜や歌詞を授業中は黒板に貼り，授業が終われば，窓際や背面・側面の掲示コーナーに貼っておく，そうすると常に目に触れるので，授業時間が少なくても学習活動を補うことができます。

音楽室でも同様で，こういったものをいくつか作っておくと，何回も使えて便利です。

また，小さなことですが，ピアノやオルガンを弾いたり楽器を扱うこの教科では，あまりチョークを使いたくないという心理があります。電子機器（楽器）にとっても，このチョークの粉は大敵です。紙媒体の貼り物だとカラーペンで必要な情報を書き加えることで，そういった心配をせずにすみます。

また，同じ貼り物シリーズで，大事な言葉を，ラミネート加工し，ワンポイントとしてつくっておくと，年間を通した授業の中でたくさん使える場面があり重宝します。

② チョークで書く物

1時間の授業での主眼，目標を「今日の目当て」や「今日の課題」として明確に子どもに提示するのは大事なことです。研究発表会の研究授業などではあらかじめ用意された，その言葉が書かれた紙を貼っていく場面をよく目にしますが，普段の授業でそこまでの準備はできないので，これはチョークでしっかり書くのがよいかと思います。

あと，授業の展開の中で出された子どもの意見，感想，工夫，思いなどもその都度，板書として位置付けることが望ましいと思います。

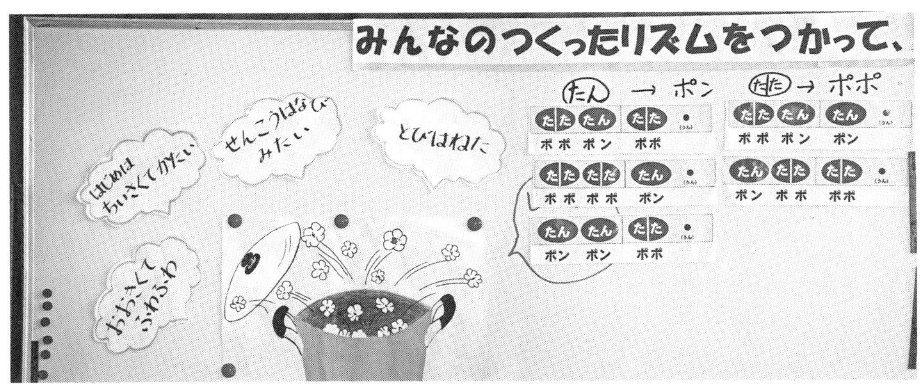

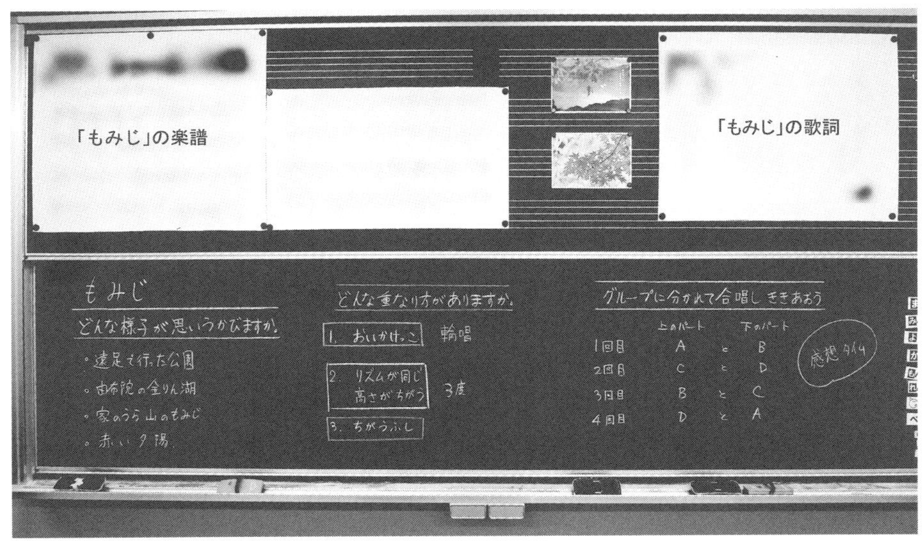

5 選曲の方法はどうする？

ここでは，ＰＴＡや音楽発表会，２分の１成人式，入学式，卒業式，などの勝負曲の選曲方法をご紹介しましょう。

①　担任や担当の思い，観客の心，子どもの心の琴線

なんと言っても，担任や担当の思いが一番だと思うので，そこを最優先します。当然，担任や担当が歌ったり演奏したい曲ではなく，このタイミングで，この曲を子どもが演奏したとき，それを聴いた観客の心がどれだけ動かされるだろう，また，その反応を感じた子どもたちの心の琴線がどれだけ震えるだろうかという曲を持ってきます。

②　音域，調，伴奏の編曲

「思いがある」ということの次に必要なのが歌であれば，まず，音域と，調，伴奏の編曲を考えることです。

音域は上のＤ（レ）までだと，楽に歌えます。６年生の卒業式で「旅立ちの日に」を歌わせたいなと思ったら，１年かけて，上のＦ（ファ）まで声が出るように鍛えていきます。今年度，私は３年生を持っていますが，音楽会で「怪獣のバラード」を歌わせたかったので，上のＦ＃（ファシャープ）まで出せるよう，発声練習をしてきました。

最近のＪ－ＰＯＰの曲もよいのですが，歌のキーが高いことが多く，子どもの声の音域帯に合わない曲が多いです。そこで大事なのが，調になります。原曲とは違っていても，子どもが歌いやすい音域帯に移調された楽譜であるかというのが，選ぶときの大事なポイントになります。

合奏であれば，難しいＫｅｙ（調），つまりシャープやフラットがたくさ

ん付くような曲は難易度が高く，小学生の発達段階に合いません。合奏であれば，理想はフラット，シャープなしのハ長調・イ短調（Ｃメジャー，Ａマイナー），フラット１つでヘ長調・ニ短調（Ｆメジャー・Ｄマイナー），シャープ１つでト長調・ホ短調（Ｇメジャー・Ｅマイナー）あたりが演奏しやすいＫｅｙです。

また，その伴奏が歌を盛り上げる編曲になっているかも大事な要素になります。特に，ビート感がある曲の左手のアレンジ，しっとりした曲の原曲通りのコードの正確さが明暗を分けます。

でも一番よいのは，自分で編曲（アレンジ）できることです。児童一人一人の力量，頑張り，音楽性（リズム感や音感）を考慮し，学校事情に合わせた楽器編成まで考慮した編曲ができると，最高ですね。

⑥ 子どもたちがなかなか歌わないときはどうする？

これは，技術やスキル，テクニックといったものではなく，先生の姿勢，「在り方」の問題だと思います。

日頃から，先生も楽しんで音楽の授業を行っているか，先生が一番楽しく歌を歌っているか？　ということに尽きると思います。

朝の会などで歌う「今月の歌」の時間，子どもだけに歌わせて，自分は採点やノートチェック，テストの採点などをしていないでしょうか。自らの姿勢をチェックしたとき，何か気付く点があるかと思います。

そうはいっても，子どもたちが歌わずに困っている先生方へ向け，少しだけ私の考えを述べたい思います。

まずは，学年ごとに，なかなか歌わない子どもの心境になってみましょう。

①　低学年

低学年だと，歌の歌詞や，メロディーが分からないから歌わない，といったことが考えられます。

そうであれば答えは簡単。

・見える大きさ，読める字の歌詞を貼る。

・何度も曲を聴きメロディーを覚える。

②　中学年

音楽を指導していて，中学年の子どもたちは一番エネルギーを発揮してくれます。そんな子どもたちが歌わないときは……体が温まっていない？　気持ちが切り替わっていない？　それならば，

・アイスブレーキングをいれる（リズム遊びなど）
・体を動かす

③　高学年

おそらく，高学年の子どもたちが歌わない場合が，一番手を焼くことでしょうね。高学年になると，歌うことが恥ずかしい，音楽に苦手意識が出てきた，友達の目が気になる，先生が嫌い～などでしょうか？　それならば，
・まず声を出すところからスタートする（歌詞の音読，群読）
・曲のリズム取りをする
・ゲーム的なリズム遊びをする
・選曲や伴奏を工夫する
・歌わないと給食なし～などと軽く脅す（笑）
・器楽（合奏）から入る

いずれにせよ，音楽的な要素よりも，日頃からの子どもと先生の距離感や，人間関係も影響していると思われるので，肉体的・精神的なアイスブレーキングをうまく授業のはじめに取り入れるのは効果的だと思います。実は音楽そのものが，アイスブレーキングの力を持っているのです。

変声期の子どもの対応はどうする？

高学年になると，特に男子は声変わりをしはじめる子が出てきます。卒業式に歌う歌などは，同声二部の曲などが多いと思いますが，指導がとても難しく指導者泣かせになります。

① そのまま，まねする（低い声を出させる～その１）

私のように男性の先生であれば，「先生のまねをしてごらん」で解決します。このとき，女性の声はファルセット（裏声）を使って，指導します。この点は，男性の方が有利だなといつも思います。

② 他の楽器で確認する（低い声を出させる～その２）

では，女性の先生はどうでしょう？　器用な方で男性の音域まで出せる方をお見かけしたことがありますが，こういった方は①と同じく，まねをすれば解決です。しかし，多くの女性の先生はそこまで声が出ないと思います。そこで，このような場合は，他の楽器で今の音からその音域まで連れていって音を確認することをおすすめします。

ピアノでもよいですが，おすすめは，キーボードでトロンボーンやチェロの音を使って指導することです。この楽器は通常演奏する場合，記譜される音域が男性の声の音域と近いので，イメージして音を取りやすいのです。

③ みんなに合わさせる（高い音を出させる）

もしくは，男性でも，ファルセット（裏声）は出すことができるので，声変わりした子から見ると１オクターブ上の音域をファルセットで歌わせるのも１つの方法です。

案外，低い声にコンプレックスを持っている子もいるので，こうしてみんなと同じ音域，響きにそろえて指導するのは，結果合唱の完成度もあがり，きれいな音楽が完成します。

個人的には，中学校へのステップを楽しく踏ませるため，その子に合った歌わせ方はどれなんだろうと，いつも試行錯誤しています。答えはここにはなく，その子と，この本を読んでいる先生の間にきっとあると思います。それを探し続ける姿勢が一番肝要なのではと思います。

ただ，卒業式の歌で，ソプラノ，アルトを女子と声変わりしていない男子で歌い，声変わりをした子が男声パートを歌う混声三部合唱ができると，在校生も，親御さんも，教職員も来賓の方々もとても感動します。

目の前の子どもと相談しながら，楽しんでください。

8 楽器の管理はどうする？

これは，大きく分けると個人の楽器と，学校の楽器に分けられます。

① 個人の楽器

・保管場所

まずは，個人の楽器についてですが，多くの学校で使用されているのが「鍵盤ハーモニカ」と「リコーダー」ではないでしょうか。

学校のロッカー事情にもよるのでしょうが，こういった個人の楽器である，鍵盤ハーモニカやリコーダーは，基本的には個人のロッカーで管理させます。リコーダーを机の中に入れて，管理させる方法もありますが，掃除で机を運ぶ際，他の子の机にぶつけてリコーダーが破損したこともあるので，おすすめはロッカーでの管理です。

・メンテナンス

〈日々のメンテナンス〉

鍵盤ハーモニカは，毎回授業の後に，楽器内に残った水分を軽く振って出します。リコーダーは，毎回演奏する前に，歌口の部分と楽器の底を持ち，ジョイントが緩んでないか確認します。緩んでいた場合，ここで「カチッ」と音がします。緩んだ状態だと，リコーダーのピッチが下がり，合奏したときに音程が低くなり気持ち悪い音になります。

〈長期休み中のメンテナンス〉

長期の休みの前には必ず家に持ち帰らせ，家の方にも目を通してもらいチェックしてもらいます。また，家での練習もしてもらいます。よくあるのが，鍵盤ハーモニカの場合，蛇腹が傷んで空気が漏れる破損です。これは，ビニールテープで応急処置はできますが，長くは持たないので，メーカーか教材やさんに新しい物を頼むのが無難です。この鍵盤ハーモニカ，メーカーによって唄口の規格が違うので，ちゃんと確認しないと合いません。要注意です。

リコーダーは，特にメンテナンスは必要有りませんが，冬場になるとジョイント部分が堅くなるので，購入時に入っていたスライドグリスを１シーズンに１回塗るようにするとよい状態で演奏することができます。

でもこのスライドグリス，落とし物のベスト３に入るくらいよく教室の床に落ちています。気が付いたときに拾っておきますが……（笑）

余談ですが，トヤマ楽器アウロスのリコーダーに入っている運指表には，高得点のベルマークが付いているので，購入時，保護者に呼びかけて切り取っておいてもらうと役に立ちます。

②　学校の楽器

次に学校の楽器についてです。音楽室の広さ，音楽準備室（楽器庫）があるかないかで管理の仕方はずいぶん違うでしょうが，私の考え方のスタンスをお伝えしようと思います。

基本的には，いつでも演奏できる状態にセッティングしておくということです。小学校の合奏で使用する楽器は大物で，鉄琴，木琴，キーボード・オルガンの鍵盤楽器，大太鼓，小太鼓，シンバル，トライアングルなどの打楽器でしょう。

中でも，小物のシンバル，トライアングル，鈴などは準備室や音楽室の棚で保管しますが，大物の楽器はいつでも演奏できるよう，音楽室の空いたスペースに出したままにしておきます。ただし，何もしないとほこりをかぶるので，シーツや布，カバーなどをかけておきます。

マレットやスティックは小物と判断し，棚で保管します。

 楽譜は読めるようにしなければダメ？

それは，読めるに越したことはありません。しかし，昔と比べて減った指導時数の中で，歌を歌い，楽器を演奏し，曲を鑑賞し，楽譜まで読めるようにできたら，それはすごいことです。

読譜の段階で音楽嫌いが生まれる可能性は否定できません。私もそうでしたが，はじめは楽譜を読めませんでした。でも，音楽が好きになり，どうしたらこの演奏ができるようになるのか，どんな曲なのか，どんなメロディーなのかと意欲を持ったときが，楽譜を読めるようになるチャンスだと思います。

普段は，そこのハードルを下げるため，楽譜に階名をカタカナ書きでふることや，最初から階名をふった楽譜で演奏することをＮＧにしていません。

好きなら覚えるし，嫌いでも階名だったら理解できるところが，ボーダーラインですね。とにかく，楽譜を読むことは大事だけれど，楽譜に書かれた思いを表現することができれば，今のところそれでよいのかなと思います。

ただし，〔共通事項〕で扱う最低限の記号や意味を押さえておくのは言うまでもありません。

 音楽授業における言語活動はどうする？

この「言語活動」，実は私も日々，試行錯誤中です。

私は由布市教育振興協議会の音楽部会で研究しているので，そこでの研究内容をご紹介しましょう。

伝え合うための「言語活動」について

(1) 伝え合う形態を工夫する

・隣の席の友達と対話する，聴き合う（ペアで）

・数名の友達と対話する，聴き合う（グループで，または自由対話で）

・友達の演奏を聴いて，感想を発表する。相互評価し合う（全体の場で）

(2) 伝え合う場を設定する

・表現する曲の範唱を聴いたときその感想をシェアする

・ペア活動でどちらかが歌ったり演奏したときその感想を伝える

・楽曲の表現を工夫するアイデアを考え伝える

・１時間の振り返りでこの時間学んだことや感じたことを伝える

(3) 伝え合いが成立するためのワークシートを作成し，活用する

・一人一人が自分の考えやイメージを持つ

・それぞれの考えを交流し合う

・学習の振り返りを行う

(4) 聴き合うときの「聴く視点」を提示する

・ねらいに沿った視点を意識しながら聴く

・自分の感じたことを〔共通事項〕と関連付けて表現する

 伝統音楽の授業はどうする？

① まずは地域素材

私が住み，職場がある大分県由布市庄内町は，神楽の里として有名なところです。

神楽は大きく分けると宮中に伝わった「宮神楽」（みやかぐら）としての雅楽，それに対して民衆に伝わった「里神楽」（さとかぐら）に分けられます。

さらに，里神楽はこれまた大きく伊勢神宮〜高千穂系と，出雲大社系の２つに分けられます。「庄内神楽」は地理的に高千穂と近いことから，高千穂系の神楽が古くから伝わっていました。高千穂系の神楽は様式美，形式美とともに素朴で力強いところが特徴です。

さらに，出雲大社の分社がこの庄内にあるため，出雲系の神楽も伝わっています。出雲系の神楽は，神話のストーリーをなぞらえたエンターテイメント性に富む神楽だということです。

庄内神楽は，その２つのいいところを併せ持った，日本でもめずらしい神楽となっています。

町内には正式に12座の神楽座があり，幼稚園や，保育園，学童クラブでも神楽に取り組んでいますし，この12座の中には子ども神楽もあります。運動会では，神楽のエッセンスを盛り込んで創られた「神楽囃子」という舞を全校児童，地域の方と一緒に踊ります。

こういった素材が存在する学校では，まずその土地の伝統音楽を扱うべきでしょう。

校区にそういった素材がない場合は，同じ市町村の中で，それでもない場合はその都道府県の代表的な伝統音楽，祭りや里歌，お囃子などを扱うことをおすすめします。この場合，総合的な学習の時間でもそういったものを調べてリンクしておくと，深まりますね。

②　教科書～自分の持ちネタ

そういった素材を掘り起こしたり，新たに教材研究するのが大変な場合は，教科書の掲載の教材を使うとよいと思います。

ほとんどの教員は県内異動だと思うので，その都道府県の代表的な素材を１つ研究して持っておき，それを自分の持ちネタとしてアレンジしながら使っていくのもおすすめです。

伝統音楽を大きく分類すると

・儀式・祭礼音楽
・踊り歌
・仕事歌
・遊び歌
・子守歌
・わらべうた

に分類されます。前述の「神楽」は儀式・祭礼音楽に分類されるし，本格的な神楽は舞えないけれどその地域の誰もが親しめるものとして「神楽囃子」が存在します。また，田植えの時期に昔歌われていた「田植え歌」などは，仕事歌になるでしょう。子を寝かしつけるときに歌われる「子守歌」，日々の生活の中から生まれた「里歌」と呼ばれる歌は「わらべうた」になり，地域によって違います。

私は個人的なネタとして，現在居住していて，勤務校もある由布市のこういった伝統音楽を収集しており，その旋律であったり，リズムであったり，和楽器を用いることで授業に取り入れるようにしています。

また隣接の大分市でも「関の鯛釣り歌」や「ちきりん囃子」，鶴崎踊りの「左右衛門」など，ちょっと調べればそれぞれの地域でこういった音楽はしっかり生き残っています。まずは公民館やそういった活動をしている方々のところを訪れるとよいかと思います。

⑫ 評価はどうする？

① まずは，自分の感性・音楽性を豊かにしよう

絵画や骨董品を扱う友人から聞いた話ですが，こういった仕事をしていて一番大事なのは「本物を見分ける眼力」だと言います。では，どうすればそういった眼力を身に付けられるのか？　と尋ねたら，答えは至ってシンプルでした。

> 本物を見分ける眼力，感性を持つためには，常に本物を見続けること。
> そうしていれば，目の前に偽物がきたとき，すぐに分かるよ。

子どもの歌や，演奏に偽物はありませんが，常日頃からよい音楽を聴いているというのは大事なことだと思います。

ここでいう「よい音楽」とは，ＣＤの範唱や，範奏だけではなく，演奏者の気持ちが伝わる「生の音楽」を聴くことを意味しています。コンサートやライブなどに出かけることは感性を豊かにします。

② 毎時間のチェック，関所でチェック

毎回の授業で，ここまでできたら合格という自分の基準を常に持っておくことが肝要だと思います。毎時間，評価し記録するのが難しければ，この単元でこれができれば，こういった表現ができれば，という基準線を持ち，それがぶれないことが大事です。

例えば，６年生の表現，リコーダーでシのフラットが入った曲を演奏する場合。

⑴　シのフラットの指ができているか確認

①　授業中，一斉練習の後，指を視覚的に確認

・まずは自分で確認

・次に，隣の友達と確認

・最後に，前を向いて教師が確認

②　音を確認

・同上

⑵　曲の中で，シのフラットが出てきたらロングトーンにして吹く。

例：「ラバースコンチェルト」の場合

「ドーファソラ♭シドー」の冒頭のフレーズを

「ドーファソラ♭シーーーー」で伸ばして音確認

③　スモールステップで評価

１時間の中でも，最初の５分で１小節まで吹けたらＯＫ，次の５分で２小節目までという風に，細かく時間を切って５分ごとの関所を設けることも，効果的です。

その場合，クラス一斉に演奏すると，個人の音が分かりにくいので，「１列目吹いて～」「次は２列目～」と列ごとに吹かせて確認したり，「出席番号１～５番の人立って吹こう！」などと人数を減らして聴いていくと評価しやすくなります。

ただし，きちんと評価する場合は一人一人吹いていくのがよいと思います。そのときの判断は，まず音を聴いてその音が出ているか，フレーズが吹けているか，タンギングができているか，指が正しいかという観点になります。

⑬ 指導案作成のコツは？

指導案は，研究授業でないと書かないのが実情でしょう。特に音楽となると，そこまでの細案を書いたことがある先生は，音楽を研究テーマに選ばれた方だと思います。

基本的にどの教科でも，まずは目の前の子どもの実態があると思います。

① **児童観**：こういう子ども（または子ども集団）だから，こういった力を付けさせたい
② **教材観**：そのためにこの教材（曲）に出逢わせ
③ **指導観**：こういった工夫と手だてを用いればその目標に到達できる
④ **本時案**：それを１時間の授業で考えるとこういった流れになる

今の現状と，授業後，到達した姿のイメージ，それを明確に持つことで，自ずと指導案は立てられると思います。あとは，場数を踏むことですね。

ただ，指導案通りの授業でうまくいくに越したことはありませんが，授業中のその瞬間瞬間に直感で，これやったら面白いだろうなという，アイデアが浮かんできたら，迷わずそれに挑戦する気概も大事だと思います。

音楽は時間芸術，瞬間芸術でもあるので，そういった感覚を持った先生の音楽の授業はとても面白いと思います。

それと，目標に対して，どこでどのような評価をするかは，指導案の中でちゃんと位置付けておくとよいと思います。

でも最大の評価は，音楽の授業が終わったときの子どもの表情や会話だと思います。「あ～楽しかった！」「私音楽の時間が一番好き」や，今歌った歌を口ずさんで校庭に遊びに出て行く姿を見ると，今の授業はある意味成功だったなと思えます。

【指導案作成例】

4学年音楽科学習指導案

指導者　　首藤由佳里

1、題材名　　こころの歌（共通教材）

2、題材の目標

○旋律の音の動きを感じ取って、強さを工夫しながら歌うことができる。

○主旋律と副次的な旋律やつくった節とが重なり合う響きを感じて表現を工夫することができる。

3、教材名　「とんび」　作詞　葛原しげる　作曲　梁田貞　編曲　石桁冬樹

4、指導の立場

（1）児童について

3・4年生はそれぞれ2・3年生、4・5年生との複式学級であるが、音楽は3年生4名、4年生5名で学習している。歌を楽しんで歌う児童もいれば、表現することに抵抗がある児童もいる。これまでも、楽譜を見て似たフレーズを見つけたり、歌詞から想像して歌い方を工夫したりする学習をしたが、音程や旋律の流れを意識して歌うことは4年生はできつつあるが、3年生はまだ十分できているとは言えない。

リコーダーの演奏については、集中して練習に取り組めるが、技術面で個人差が大きい。タンギングやフレーズに気を付けて演奏するよう指導しているところである。4年生が3年生にリコーダーを教えるペア活動では、4年生は優しく丁寧に教えることができている。

（2）教材について

本教材は、音楽を感じ取って歌唱の表現をする能力、楽曲に合わせた表現の能力を育てていくのに適切であると思われる。

歌詞の表す情景と旋律の流れが一体となって、のびのびとした曲想が感じられる。上向旋律と下降旋律がはっきりしており、歌詞と旋律のつながりの中で強弱表現の工夫が期待できる。1小節目の模倣や後半の同型反復といった旋律の特徴などから、曲想の変化を感じ取って、歌い方の工夫に結び付ける学習に適している。

副次的な旋律がついているので、互いの旋律を意識して聴き合いながら演奏することで、主体的に楽しんで表現することができるのではないかと思われる。

（3）指導について

指導に当たっては、まず「とんび」の主旋律と副旋律を階名唱させることで、旋律の流れを感じ取らせたい。主旋律は、歌詞の表す情景を想像しながら、曲想にふさわしい自然な歌い方で自信を持って歌えるようになってほしい。とんびを見たことのある児童に様子を発表させたり、DVDを見せたりして、とんびが飛ぶ様子をイメージさせたい。そして、旋律の流れや歌詞のイメージに合わせて歌い方を工夫させたい。その際、ワークシートを用いて考えやすくしたりして、ペア活動で表現を共有し、みんなで歌をつくり上げていく活動を組み入れたりして、自分なりの強弱の付け方を意識して表現させたいと考えている。

次に主旋律の歌と副旋律のリコーダーを合わせて演奏する楽しさを味わわせたい。そして、ブロック楽譜を用い、自分で音を選択して、旋律をつくらせる。自分で創作する喜びを味わわせ、歌・リコーダーの副旋律、つくった旋律を合わせて演奏して聴き合うことで、親しみを持って主体的に演奏を楽しませたい。

（4）本時案

題目　強弱を工夫して歌おう

主眼　歌詞からの情景を想像したり、旋律の動きを感じ取ったりすることにより、

強弱を工夫して表現することができる。

学習活動	時間	指導・支援の留意点	評価　共通事項
1．既習曲を演奏する。	5	○姿勢、息継ぎ、出だしの音、休符を意識させる。	
2．「とんび」の主旋律を歌唱する。	7	○階名唱させてから、歌唱させる。 ・出だしに気を付け、フレーズを意識してなめらかに歌えるようにする。 ○f・mf・mp・pはどのくらいの音の強さか、	☆フレーズ □フレーズを意識して歌唱する。（ウ　演奏聴取）
		4回の「ピンヨロー」をどのような強弱で歌うか考えよう。	
3．歌詞の表す情景を想像して強弱を工夫し、ペアで話し合って発表し、共通化する。	10	○ペアで話し合わせ発表させる。	□強弱についての工夫を自分のワークシートに書き込んでいる。（イ　行動観察・・ワークシート）
4．考えた強弱を付けて歌い、色々な強弱の工夫を聴きあって感想を発表する。	20	○拡大譜に強弱の記号を位置付ける。 ○強弱の工夫を表した拡大譜を見て歌唱させ、役割を決めて、聴き合わせる。	
5．本時の授業をふり返る。	3	○表現の工夫について発表させる。 ○友達のよかったところを発表させる。 ○ふり返りカードに記入させて　本時のまとめとする。	□強弱を付けた歌い方を表現している。（ウ演奏聴取） □友達の表現の良さを感じ取って聴いている。（エ　発表・ワークシート）

（5）C評価の児童への手だて（本時）

	ア、関心・意欲・態度	イ、音楽的な感受や表現の工夫	ウ、表現の技能	エ、鑑賞の能力
手だて	①自分の考えを友達に伝えられるように声かけをする。	①　とんびの飛んでいる様子を出し合わせたり、DVDを視聴したりして、とんびの飛ぶ様のイメージをふくらませる。 ②　ペアで話し合うことで、友達の考えを参考にしてたり強弱を考えさせる。	①　リコーダーでは友達の指を見てもいいことにし、リラックスして演奏できるようにする。 ②　つくった旋律を何度も唱えさせ、リコーダーでゆっくり演奏させる。	①友達の演奏をしっかりと聴き、感想を言うように励ます。

学習指導要領改訂で音楽授業はどう変わるの？

①　新学習指導要領とは？

2017年３月31日に第９次の小学校学習指導要領が告示されました。これは2020年の４月から完全実施されます。今回の改訂では，これまで「何を教えるか」という観点から編成されていたのに対して，「何ができるようになるか」にまで発展させて再編成するべきだとしています。すべての学習に共通するものとして以下の「資質・能力の３つの柱」が示されています。

・知識及び技能
・思考力，判断力，表現力等
・学びに向かう力，人間性等

教育課程部会　芸術ワーキンググループにおける審議の取りまとめ（2016年８月）では，音楽科の「知性と感性の両方を働かせて対象や事象を捉えることである」という特徴を踏まえ，「知性だけでは捉えられないことを，身体を通して，知性と感性を融合させながら捉えていくことが，他教科以上に芸術系教科・科目が担っている学びである」と示されています。

また中央教育審議会の審議の過程で「アクティブ・ラーニング」の必要性が確認されました。「新しい知識・技能をすでに持っている知識・技能と結びつけながら，社会の中で生きて働くものとして習得したり，思考力・判断力・表現力等を豊かなものにしたり，社会や世界にどのように関わるのかの視座を形成したりするために重要」であり，それが「主体的・対話的」な学習によってさらに豊かになり「深い学び」を生むとしています。

②「感性」考

小学校音楽科では既に「主体的・協働的」な学習は日常的に行われている

のが現状だと思います。そしてこれまで音楽は他教科と違って，どちらかというと結果としての「表現」に重きが置かれていたように感じます。しかし今回の改訂でその過程で「思考」したり，「判断」したりすることをさらに大事にしようとしています。

歌を歌ったり，楽器を演奏したりする過程で，まず曲や教材が内在する力を受動的に感じ，感じ取ったことからこれまでの自分の音楽的・生活的蓄積の経験から思考・判断し，新しい意味や価値を創造するという「感性」と「知性」の相互作用が肝要であるといえるでしょう。

③　実際の授業は？

目標 (1)「曲想と音楽の構造などとの関わりについて理解するとともに，表したい音楽表現をするために必要な技能を身に付けるようにする」さらに，目標 (2)「音楽表現を工夫すること」が加わると，これはもはや中高生のバンド少年がギターを弾いたり，ピアノを弾いて作曲したり，弾き語るようなイメージです。小学生なのでそこまでのことは要求されていませんが，生活の中に豊かな音や音楽が常に満ちあふれ，それを聴くだけでなく自ら表現していく，そんな素敵な情景がイメージできます。

今までは先生が思い描いている「こうしたい」に子どもを近づけていく授業をしていたと思うのですが，これからは子どもが思い描いている「こうしたい」を実現させるための「技能」を身に付けさせる授業となります。

そして学校音楽だけでなく，生活や社会の中の音や音楽と豊かに関わる資質・能力にまで言及しているので，守備範囲は日常生活すべての音や音楽も対象になります。

本稿を書いている私もこの時点ではまだ，新指導要領に則った授業は試行錯誤中です。あえて言うならば，本著の内容，提案が新指導要領の授業対策に役立つのではとも考えています。

音楽授業が盛り上がる！おすすめ活動アイデア

成功する授業開きアイデア

①　昨年度，一番の思い出曲から入る

音楽での授業開きは，心も体もリラックスし，よい１年のスタートが切れるポイントとなる教科だと思います。

すべて新しいものからスタートするという考え方も大事ですが，小学校，中学校と続く学校教育の中では，前の学年で積み上げたものの上にこれから学習していくものがさらに積み上げられるということを意識することも大事です。

そういった点で，音楽は，昨年度に歌った，または演奏した曲を授業開きのときに演奏するのも，子どもの心をつかむのに１つの有効な手だてです。

合奏だと，演奏する楽器の準備や人数のバランスなどがうまくいかないときがあるので，シンプルに，昨年その学年（クラス）が一番よく歌った歌を取り上げることをおすすめします。

ポイント　１　**座席は授業時間前に決定すべし**

教室の場合はそのままの座席でよいですが，音楽室に移動して授業する場合は，音楽室に行く時間までに音楽室での座席を決めておきます。

ただでさえ少ない授業時間を有効に使うためには，音楽の要素以外のことは，それ以外の時間で済ませるというのが年間を通して大事になります。

ポイント 2　子どもにとって大事な曲を事前にリサーチせよ

異動がなく同じ学校に勤務だと，昨年度，その学年クラスがどんな歌を歌っていたかを知るのはたやすいことです。異動で他の学校から来ていても，前任者（前担任）に聞けばすぐに分かります。

このとき，ちょっとしたエピソードがあれば，それもぜひメモしておきましょう。この子どもたちと前担任しか知らないようなエピソードを知っているだけで，子どもからの信頼は格段にアップします。「この先生，私たちのことよく見てくれてたんや～」とか，「来たばっかりなのに，去年の僕らのこと知っていてすごい！」と，子どもの心鷲づかみです。

特に音楽会や，地域のイベントに参加した，その曲に思い入れがあって自分たちにとって大事な曲だと思っているほど効果は大です。

ポイント 3　いきなり歌わせる

授業開始のあいさつが終わったら，いきなり歌の前奏を伴奏します。ピアノが弾けない方はＣＤでもＯＫ。子どもは最初，「あれ？」と思いますが，すぐに笑顔になり，ニヤリとします。歌い出しのころには，「先生，任せて！　この歌，今でもちゃんと歌えるよ」という自信満々の顔で歌いはじめます。

「音楽の授業を１年間どうしていきたいと思います」とか，「最初は教科書の一番はじめに出ている曲を歌います」とか，「まずは音楽についてどう思っているか１人ずつ話してもらいます」といった，第一声などが消し飛んでしまうくらい，この導入はおすすめです。

ポイント 4　歌い終わったらとにかくほめる

歌を歌い終わったら，歌のことでも姿勢のことでも，どんなことでもよいのでとにかくほめましょう。

・去年聴いてたけど，今日改めて聴いてみると，みんな歌がうまいなー
・よく歌詞を覚えていたね。すごいすごい
・口が大きく開いていて表情もよかったよ
・姿勢がよい子も何人かいてびっくりしたよ
・この歌，大事にしているんだね。気持ちが伝わって来ました
・声変わりしかけている男子いるでしょ。うまく音をコントロールしていたね（最初にこう声をかけていると，その後の歌い方が全然違ってきます）
・とにかく，素晴らしい。先生この歌が聴けてうれしいです！

などなど

ポイント 5　ほめ言葉は多様性を持たせ，できていることと，できていないこともほめる

人間誰でもそうですが，ほめられてうれしくない人はいません。ここで，どれだけたくさんほめられるかで，１年間，この先生となら歌っていて楽しいと思われるか，大きな境目です。前述の「歌わない子どもにどう歌わせるか」の答えにもなると思います。

当然，できていて素晴らしいところは１つ残らずほめますが，できていないところもほめると，次からはその言葉が体の中に入りできるようになったりします。

人は，プラスの言葉をかけられたとき，心も体も喜んで，力を発揮しようとし，結果いろんな好循環が生まれ，物事がうまく行きはじめます。

反対に，マイナスの言葉，つまりできていないところを注意されると，メンタルの部分でスイッチが入らず，結果できない循環に陥ってしまうことがあります。

例えば，口が開いていないときに「口が開いていない，もっと開ける！」というと，自分のこととして引き受ける子どももいますが，「あ，誰かが注意されている，自分じゃないよね」と受け取る子どももいます。

反対に，「口が開いていていいね」という言葉を子どもに投げかけると，子どもは「あ，誰かが口を大きく開けてほめられた，よし，自分も大きく開けていい声を出すぞ」という方に，変わっていきます。

どの教科でも同じですが，この「ほめる」ということは，教育において最もすごい手だてだと確信しています。最近では，「ほめる達人（通称：ほめ達）」という活動も注目されています。
（http://www.hometatsu.jp/about/index.html）

ポイント 6　うまくまとめよ

ここまできたら，あとはまとめの言葉です。

前担任からのシークレット情報をここで活かします。子どもだけでなく，大人でも自分が大事にしている部分に共感してもらったり，そこを大事にしてくれていると感じると一気に距離が縮まります。

去年，この歌を一生懸命練習して２分の１成人式で歌ったんだって。

見に来てくれたお父さん，お母さんが感動して何人もの人がみんなの歌で泣かされたって聞いたよ。

そんな素敵な歌を歌えるみんなと，１年間音楽の授業ができるなんて先生は幸せです。

素敵な歌を聴かせてくれてありがとう。気持ちがこもった音楽は聴く人の心に響き，感動を与えます。そしてそれを表現した人，つまりみんなの心にも大事な大事な，一生響き続ける音となって困ったときや，めげそうになったとき，自分を応援してくれます。

この曲は去年のみんなのそういった成長を表した大事な曲です。１年１年，大事な思いや曲が積み重なって人の心は豊かになっていきます。

今年は今年で，そんな素敵な曲をみんなでつくって，響かせ合っていきたいと思います。そして大人になってこの曲を聴いたとき，ここにいるみんなの笑顔や楽しかったことが思い出されることを期待しています。1年間楽しく音楽をしていきましょう!!

② 昨年度の歌を歌い倒す！

①のような代表曲がない場合，つまり教科書のどの曲もまあ同じくらいやったし，同じくらい好きだったという場合は，主だった曲を5～6曲メドレーで歌います。こちらも同じ様な流れで，ポイント6まで流します。

③ リズム遊び，歌，器楽，鑑賞，4つの活動を1時間で

音楽があまり好きではない子どもの気持ちを聞いてみると，音楽のすべてが嫌いというわけではなく，音楽の時間中のある活動が苦手ということが分かりました。

例えば，「歌うのは好きだけれど，楽器の演奏は苦手」「歌うのは嫌だけれどリコーダーは好き」「歌うのも楽器も苦手だけれど，音楽を聴くのは好き」という感じです。

そこで最初の授業で，「音楽の授業では色んな活動があります。1時間中歌うだけとか，1時間中演奏するだけということはしません」と説明し，実際にたくさんの活動を1時間内に実施する授業をします。

１時間の活動の内訳例

最初の10分～　リズム遊び（リズム遊びの項参照）
次の10分　～　歌を歌う（昨年度歌った歌）
次の10分　～　楽器（リコーダーや鍵盤ハーモニカ）を演奏する
次の10分　～　音楽鑑賞(今子どもに一番聞かせたい，先生セレクトの曲)
最後の５分～　感想をシェア（口頭でも，紙でもＯＫ）

慣れないとテンポ感がつかめないかと思いますが，子どもの様子を見ながらどんどんやっていくと，１年間を通して取り組めるリズムになります。

詰めて作品を仕上げたい場合や，集中してある曲に取り組みたい場合は，時間配分を変えて取り組めばできます。

COLUMN 02

音環境を意識しよう

音楽の伴奏ＣＤや鑑賞曲を聴いていて，それを止める際，一時停止や停止ボタンで音楽をぶつっと切ってしまうことがあります。これはついついやってしまうことですが，なるべくならボリュームボタンで小さくして音を消していくことをおすすめします。

音や音楽が人為的にぶつっと切れる体験は，好ましくないからです。フェードアウトして音を小さくする習慣を持っていると，それを共有している子どもたちにも「音」や「音楽」を大事にする，という感覚が身に付くからです。これは見過ごしがちですが，大事な音環境の１つだと思います。

ただし，音を小さくしたあと，一時停止をし，またボリュームを戻しておかないと，次に再生するときに音が鳴りません。「じゃあ，次いくよ～」と言って再生ボタンを押すけれど，ＣＤの音量が下がっていて聞こえないまま何秒か過ぎます。そして，あ！　ボリューム上げてない！　と気付いてあわててボリュームを上げる教師の姿は，音楽授業あるあるです（笑）

子どもたちが夢中になる！音楽ゲーム

①　リズム遊び編

・せーの！

読んで字のごとし，「せーの！」のかけ声で，どれだけみんなが気持ちをそろえて，手を叩けるかという，シンプルかつ，奥が深いリズム遊びです。

まず，手を叩くポイントについて説明してからゲームに入ります。

先生：みんな，手を１つ叩いてみてください。
児童：（思い思いに手を叩く）
先生：実は，手を叩くとき，一番いい音が出る場所が１か所だけあります。
　　　それを，右手と左手の位置を上下にずらしながら探してみてください。
児童：（両手を少しずつ，ずらしながらいい音のするポイントを探す）
先生：では，その位置で，もう一度みんなで１回手を叩きます。
　　　今度は，みんなのそのいい音が１つになるよう意識して音を出します。
教師：せーの！
児童：パン！！
先生：とてもいい音が出たね。１つになったね。
　　　では，これから「せーの！」というゲームをします。
　　　まず先生が「せーの！」と言います。そうしたら，今と同じように，
　　　みんなの心をそろえて手を叩きます。
　　　次にみんなで声をそろえて「せーの！」といいます。そしたら今度は，
　　　みんなで手を２回叩きます。

２回目もそろっていたら次は３回目に挑戦です。
くりかえし「せーの！」と言っていき，どこまで気持ちをそろえて回数を伸ばせるかというゲームです。
１度，何回まで行けるかやってみましょう。

このとき大事なことは，失敗した子を責めない！　ということを子どもたちにきちんと説明しておくことです。次は自分が失敗するかもしれません。実は，これは失敗した人１人の責任ではないのです。失敗しそうな人がいたら，だんだん気配で分かるようになります。そこで気配を感じたら，その人が間違えないようにこちらの気配を送ることができるのです。

ここで，失敗の例を説明します。
①　音が１つにそろわずに，バラバラっとなった場合
②　回数を間違えて，多く叩いたり，少なく叩いた人がいた場合
③　叩く回数を声を出して数えた場合（回数は心の中で数えます）
④　しゃべった人がいた場合
⑤　音を出さない手の叩き方をしたり１人でも参加していない人がいた場合

教師：では，記念すべき今日の最高記録をつくりましょう！

慣れてくると，記録はどんどん伸びてきます。私が取り組んだ中の最高記録は33回です。ちなみにどんな工夫をするとその記録に到達できるか，少しだけアドバイスをしましょう。

ポイント　1　早さ

やっていくと，だんだん加速して合わせにくくなります。回数が増えても同じペースで叩けると，それだけで記録は伸びます。

理想的な速さは，マーチ（行進曲）と同じテンポ（120テンポ）です。メトロノームやリズムマシーンでこのテンポを出して練習してみるのも記録更新のよい練習です。

先生がちょっとリードして，大きな音で一緒に叩いてあげるのもよい方法です。

ポイント　2　叩く大きさ

毎回最大の音を出すのは手が疲れてきて記録が伸びません。よい音を出すのは変わりませんが，***mf***（メゾフォルテ）くらいで叩くのが理想です。

最大のポイントは，最後の１回を***f***（フォルテ）で叩くことです。すると，回数に自信がなかった子もそろえやすいし，気持ちもそろってきます。

ポイント　3　数え方

回数が増えてくると数え方も重要になってきます。もちろん声を出さずに心の中で数えるのですが，10を１つの単位にするとミスが減ります。

具体的には10を超えたら，「11．12．13．14……」と数えるのでなく，「……９．10．１．２．３．４……」というように，十の位の数は覚えておきながら，仕切り直して数えると，うまくいく可能性が高くなります。

ポイント　4　みんなの気配を感じる

やっていると分かるのですが，何とも言えない緊張感と一体感を味わうことができます。前述した失敗しそうな子の気配も，実は感じられるようになってきます。

たいがい間違う子は，回数を多く叩いてしまうことが多いので，最後に手を叩くときにみんなで，「終わるよ！!」と念じれば，案外その子にその気持ちや気配は伝わります。

　これは，音楽の活動の中でも大事な「周りの音を聴く」ということにもつながるので，遊びの中で，そういった聴く訓練にもなっています。

　その時点の最高記録を教室のどこか片隅にでも貼っておいたり，書いておくと，盛り上がります。

　音楽室を使う専科の場合は，今のところどこのクラスが全校のベスト３なのかランキング表をつくるのもさらに盛り上がる仕掛けになります。

・シャッターチャンス！

　授業の開始の場面や途中で，とにかく視線と意識を先生の方に向けるのに有効なゲームです。タイトル通り，カメラのシャッターチャンスを逃すなという意味で，集中力が求められるゲームです。

「先生の手を見ましょう」といい，前にならえのポーズをします。

　そのまま，横90度になり，「先生の手と手がすれ違ったときに手を叩いてください」と説明します。

〈盛り上げポイント〉

・最初は決まったテンポ（ゆっくりめ）で連続して手を叩く
・慣れてきたら，テンポを速くする
・さらにフェイントを入れて面白くする
・３・３・７拍子などのリズムを入れる
・今日歌ったり，演奏する曲のリズムで叩く
・手は，分かりやすく大きく動かしましょう

・「おーちたおちた」

コンサート会場やライブ会場で盛り上がるのが，コール＆レスポンスです。このリズム遊びはまさに，このコール＆レスポンスの醍醐味が詰まったものです。

まずは，やりかたの説明です。テンポ120〜140くらいで手拍子を打ちます。その手拍子に合わせて

先生：「おーちたおちた」　児童：「なーにがおちた」

と，コール＆レスポンスします。

ここまで練習できたら，次は落ちたものと，それに対応するポーズを知らせます。

＊ワンポイントアドバイス

・キーボードのリズム機能で８ビートなどのリズムでやると一層盛り上がります。

・テンポを速くしていくと難易度があがります。

・全員立ったところからスタートし，間違った人から座っていくというルールにすると緊張感が出てきます。

・前で先生がわざと間違ったポーズを取り，ミスを誘発するのも面白いです。

・落ちたものを言うとき，アドリブで決めていないものを言って，子どもがどんな反応（ポーズ）を取るのか試すのも変化があってよいです。

例えば「○○先生」と自分の名前を言ってみると，子どもたちは，両手をあげて「いやー！」という子，抱えるような仕草で受け止めようとする子など，その後のトークにも使えるネタになります。

「おばけ」や「ゴキブリ」も反応が面白いです。

②　和音ゲーム

聴音の性質も持っていますが，ピアノやギターで和音を弾いてそれがハ長調の何度の和音か判断し，動作で表現するゲームです。

・初級編

これから，和音を体で表現するゲームをします。

Ⅰ度の和音（ド・ミ・ソ）

起立する（立る）

立っているときに聴いたら，
着席する（すわる）

Ⅴ度の和音（シ・レ・ソ）

礼をする

Ⅳ度の和音（ド・ファ・ラ）

バンザイ！をする

最初は，響きが分かりやすい「Ｉ～Ｖ～Ｉ」で慣らしていきます。

次に，「Ｉ～Ｖ～Ⅳ～Ｉ」と間にⅣ度を挟んでいきます。

ここまでくると，３種類の響きの違いがある程度分かるので，おりまぜて，最初からⅣ度やＶ度を鳴らしてみるのも面白いです。

・中級編

和音を構成する３音（トライアッド）で捉えると，和音は大きく４種類に分類されます。ハ長調で例を出すと以下のようになります。

メジャーコード	Ｃ	シーメジャー（ド・ミ・ソ）	明るい響き
マイナーコード	Ｃｍ	シーマイナー（ド・ミ♭・ソ）	暗い響き
オーギュメント	Ｃ aug	シーオーギュメント（ド・ミ・ソ♯）	不思議な響き
ディミニッシュ	Ｃ dim	シーディミニッシュ（ド・ミ♭・ソ♭）	潰れた響き

このシリーズだけで，和音の聞き取りをすると，最初の初級編より反応が分かりやすく，子どもは自信を持って答えられます。

このシリーズの子どもの動きは，座ったままできる表情や仕草にすると，コンパクトに楽しめます。あらかじめ決まった表情や動作，仕草をするのもよいですが，子どもの感性に任せて，「自分が感じた表情や仕草をしてみましょう」とするのも，おすすめです。

また，根音がC（ド）でなくても，12キー（12の調）すべてで応用できるので，その日歌う曲のキー（調）に合わせてこのゲームを実施すると，子どもの耳と体に響きが残り，その後の歌でも，響きがよくなります。

私がやったときに出てきた子どもの反応を以下に紹介します。

メジャーコード……明るい表情，笑う，両手を顔の横に広げる

マイナーコード……暗い表情，悲しい顔，泣きまね，

オーギュメント……首をかしげる，肩をすくめ両手を広げる

ディミニッシュ……ムンクの叫びポーズ，机にうつぶせになる

・上級編

和音の響きに慣れてきたら，和音を増やしていきます。最近の教科書に載っている曲は，この３和音に加え，下記の和音も多用されているので，こういった和音も足していくと，面白さが広がります。

Ⅱｍ７（主音から見て２度のマイナーセブンスコード）レ・ファ・ラ
Ⅲｍ　（主音から見て３度のマイナーコード）　ミ・ソ・シ
Ⅵｍ　（主音から見て６度のマイナーコード）　ラ・ド・ミ
Ⅰ9th（Ⅰ度の和音に9thを足したコード）　ド・ミ・ソ・レ
ⅠM7（Ⅰ度のメジャーセブンスコード）　ド・ミ・ソ・シ

最近の子どもが聴いている音楽には，こういった和音（コード）が多用されているので，私たち大人より，子どもの耳の方がずっとうまく聞き分けることができます。

そして，例えば9th（ナインス）のコードは合唱曲の前奏，後奏などによく使われているという話（例「旅立ちの日に」），Ｊ－ＰＯＰの流行歌のサビなどでは，よくＭ７（メジャーセブンス）のコードが使われている話（例「ＮＨＫ連続テレビ小説　あまちゃん」のオープニング曲最後の和音，山下達郎の「RIDE ON TIME」の最初の響き）などをエピソードで話すと，子どもがそういった音楽を聴く際の聴き方にも変化が出てきて，より音楽を楽しく感じられるようになります。

授業を飛び出せ！音楽でつながる交流活動

学校の中，または学校教育の中で音楽を表現することだけが音楽ではありません。外に向かって面白い企画には乗っかって，楽しみながら音楽表現を深めるというのも，子どもにとってはよい経験となります。

今回は３つの事例を紹介いたします。

①　事例１
富士夢祭り「Dream & Dream」～みんなの夢を富士山頂に届けよう～

ドリームアーティストとして活躍している，内山大志さんという方がいます。（http://www.fujiyume.com/）

「あなたの夢は何ですか？」と尋ね，その夢を「夢ハンカチ」という30センチ四方のハンカチに描いてもらい，さらにそのハンカチを赤い糸で縫い合わせた夢ハンカチロールを，旧暦の七夕，富士山頂に届けるというお祭りをしています。

私自身，この「富士夢祭り」に２度参加しました。子どもと一緒に夢ハンカチを描き，私自身が富士登山をし，山頂に夢ハンカチを届けたのです。

最初の年は2012年，東北の被災地を回って，避難所やそこで暮らす人々の夢や希望，亡くなった方への手紙という形で夢ハンカチが集められていました。この祭りの主催者，大志さんは富士山を形取った御神輿を被災地のがれきで作成し，宮城県の鍾乳洞（龍泉洞）から富士山頂まで1000km その御輿を引っ張り，歩いて踏破するという大冒険をした年でした。また，富士山頂にて夢ハンカチで火口をぐるっと１周囲み，「ドリームリング」がはじめてできた年でした。

このイベントには「Dream＆Dream〜夢をつなごう」というテーマソングがあり，それを富士山頂のドリームリングをつくったみんなで歌いました。

この曲を手がけたのは，今全国で注目を集めている，放浪の合唱作曲家「弓削田健介」さんです。（http://yugemusic.com/）

この歌を歌って，全国の友達とつながろうというプロジェクトがあります。クラスや学年，全校で，この「Dream & Dream〜夢をつなごう」を歌って，映像で日本中をつなぐバーチャル合唱団プロジェクトです。

自分の夢や目標を描くというところから，歌を歌い日本中の友達とつながり，その夢ハンカチが富士山頂に届けられるという壮大な仕掛け，乗らない手はありません。

佐賀県武雄市の武雄北中学校は，この「夢」の力で学校を中心とした地域再生まで掲げ，実際にそれに取り組んでいる学校です。被災地の中学生ともつながり，交流もしています。武雄北中学校の生徒会が呼びかけて集まった夢ハンカチの数，なんと，１万枚以上。日本はおろか，海外からも夢ハンカチが届き，大きな規模の活動になりました。

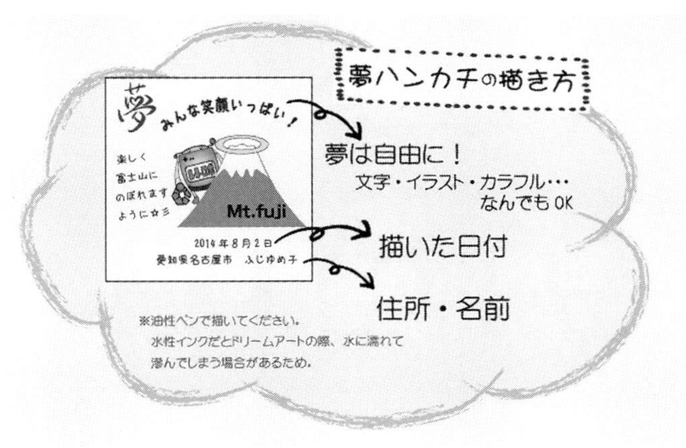

この大志さん，弓削田さんは全国で講演・演奏活動をしています。私の勤務校にも来ていただきましたが，こういった方々をゲストティーチャーにお招きして，「夢の授業」「いのちの授業」をしてもらうのも，子どもの心を揺さぶるのにぴったりです。

このお二方とは陶彩画家（焼き物の技術を利用し陶板に絵を描く）であり，絵本作家である，草場一壽さんが手がけたドキュメンタリー映画「いのちのまつり～地球が教室」を通して知り合った仲間です。この映画，僭越ながら私も出演しているので，興味のある方はぜひご覧になってください。

(http://www.imagine-koubou.com/)

(http://www.inochinomatsuri.jp/)

②　事例２
水カンリンバをつくろう～旅の演奏家「丸山裕一郎＆はるちゃん」

ゴミとして捨てられる空き缶４つを組み合わせ，その中に自分の身近にある一番きれいな水を入れる。そうしてできあがった手づくり楽器，「水カンリンバ」は，水のこと，地球のこと，自分の内面のこと，いろんな気付きや考えを導きだす楽器になります。

車いっぱいに楽器を積み込んで，全国，そして世界中を音楽で旅する丸山裕一郎さんと，パートナーのはるちゃん。彼らの奏でる音楽は地球の音，癒しの音，つながる音，響く音となり，子どもたちはもちろん大人の心まで輝かせてくれます。

水カンリンバという楽器の考案者であり，演奏家の丸山裕一郎さん，通称「マリオ」。海外を旅したとき，マルヤマという発音が海外の方には馴染みが無く，マリオが通称になったのだとか。

今のまま，世界の人口が増えていくと，2030年には世界の３分の２の人々は水に苦しむと言われています。この楽器を通してそんな水について考えたり，何か行動していけるきっかけになればという思いで，旅をしながらメッセージを伝え続けています。

また，マリオは世界中の様々な民族楽器も演奏します。特にアフリカで生まれ，ブラジルに渡った「ビリンバウ」という弓のような形をした楽器は，

聞く人の心を揺さぶります。奴隷として連れてこられた彼らが武術のカポエラの伴奏にも使う楽器です。

この楽器の特徴はピアノ線を張った弓に直接バチを叩きつけリズムを取るという奏法です。「ビーン！」という音には人間の耳からすると多くの雑音が含まれています。これは和太鼓にも通じる音で，ＣＤなどで録音した際には入らない周波数の音だそうです。

西洋の音楽はいかに雑音（ノイジーな音）を取り除くかという方向で深め極めてきた歴史があるといえます。反対に民族音楽はいかに雑音（ノイジーな音）を効果的に入れ，人々の魂を揺さぶるかということで発展してきた歴史があります。このことも，マリオから教わりました。

アース・ウィンドウ＆ファイアーのヴォーカル，モーリス・ホワイトが楽曲で使用したことでも有名になった「カリンバ」という楽器があります。文字通り，この「水カンリンバ」の語源にもなっている楽器です。落ちている釘や鉄を叩いて伸ばし鍵盤にし，穴を空けた板にその鍵盤を取り付け，指で弾いて演奏する楽器です。

この楽器の穴にも秘密があります。実はこの穴には，蜘蛛の巣をくっつけ，その蜘蛛の巣の糸でちょっとひずんだ音を出すのだそうです。これも，わざとひずんだ音を出すための工夫だと言われています。

まずは，「水カンリンバ」をつくってみませんか？　つくり方は，以下のページを参考にしてください。「水カンリンバ」で検索してもＯＫです。
(http://www.geocities.co.jp/NatureLand/6430/mizukanrinba/f-mizukantukuru.htm)

③　事例３

地域のイベントや企画物に乗っかろう「豊後大正ロマン街道～大湯鉄道（だいとうてつどう）物語」

私の住んでいる大分県由布市を通っている鉄道があります。ＪＲ久大線（ゆふ高原鉄道）ですが，今から約100年前，この鉄道は私鉄として敷設され，2015年がちょうど100周年の記念の年になりました。

標題の「豊後大正ロマン街道～大湯鉄道（だいとうてつどう）物語」はこの沿線の地域ブランドとして立ち上げ，売り出して行こうとする地元有志が集まってできた組織です。「大湯」というのは，当時の起点・終点の「大分」の「大」と「湯平」の「湯」という頭文字を取ってつけられた名前で，音読みをし，「だいとうてつどう」と読みます。

学校現場，教育現場にも協力してもらいこの動きを盛り上げて欲しいという要請で私も企画に関わることになりました。その中で，社会科や総合学習の中で，地域の先人の働きや苦労を知る学習の教材にいいのではというアイデアで，大湯鉄道に詳しい方をゲストティーチャーとしてお招きし授業をしたりしました。

そうした中，2014年，私にこの企画のテーマソングをつくってほしいという依頼がきました。子どもから大人まで歌うことができる曲，つい口ずさんでみたくなる曲，演奏だけでも歌入りでもいける曲ということで，作曲をしました。

まず歌を歌うということで音域と調を設定しました。最高音が上の「レ」下が「ド」，調は子どもがリコーダーでも演奏することを想定し，ハ長調か，へ長調に，心癒される車窓の景色，軽快に大分川河岸段丘を走る列車，先人が願った鉄道による地域の振興などをイメージしました。

先に曲を作成して，演奏は私の音楽仲間で日頃ジャズの演奏をしているメンバーにお願いしレコーディングしました。

編成はピアノ，ベース，ドラム，フルート，アルトサックス，篠笛で，ジャズの演奏なので，テーマを演奏後，それぞれアドリブを演奏し，最後にテーマに戻って終わりという構成にしました。これは，99周年祭でステージ演奏しました。

次に歌詞ですが，大湯鉄道の学習をしたあと子どもたちに，キーワードになる言葉をいくつか書いてもらい，それを私がつなぎ合わせ，言葉を補い，詩にまとめました。

記念式典での発表ですが，休日に子どもを集めて参加することが難しかったため，レコーディングし，ＣＤを作成することにしました。まず，カラオケを私のピアノ・篠笛演奏と，私が勤務している学校の校長のドラムで作成しました。本校の校長はドラマーで音楽にも造詣が深いので，この件をお願いしたら快く引き受けてくれました。

カラオケ作成後は，レコーディングのエンジニアの方に来校していただき，音楽室にて録音しました。

式典当日は，この音源に映像も加えたものが発表され，好評を博しました。地元のイベントでぜひ，子どもたちの歌が生で聴きたいので歌ってほしいという出演依頼も何件かいただきました。

大湯鉄道物語

作詞：由布市立西庄内小学校児童
補作詞：首藤政秀
作　曲：首藤政秀

1．線路は続いてる　　ぼくらの住む街から
みんなの住んでいる　　素敵な街に
今から100年前　　昔の人々が
願いを込めた線路　　大湯鉄道

赤や黄色の列車走る　　ぼくらを乗せて
鉄橋わたり　　トンネル抜けて
走る走るよ　ななつ星　ゆふいんの森
いつか　ぼくも　乗りたいな

むかし　むかし　人々が
夢見た鉄道　いま　ここに

2．由布岳が見下ろす　　わたしたちのふるさと
大分川流れる　　ゆたかな大地
川に寄り添い走り　　川をまたいで走る
上り下り行きかう　　大湯鉄道

赤や黄色の列車走る　　ぼくらをのせて
鉄橋わたり　　トンネル抜けて
走る走るよ　ななつ星　ゆふいんの森
いつか　ぼくも　乗りたいな

むかし　むかし　人々が
つくった鉄道　これからも

授業で大活躍！あると便利な楽器リスト

①　アンプ＋シールド＋キーボード

最近のキーボードは安い廉価版でも，内蔵されている音源も豊富で，機能が充実しているので，高い物を１台購入するより，安い物を２～３台購入した方が，合奏のときに大活躍します。１台はベースの音でベースライン（根音）を演奏，２台目は主旋律か和音を演奏（ピアノの右手），３台目はストリングスの音で和音や対旋律を演奏，こうするだけでずいぶんと合奏がゴージャスになります。

ただ，安い楽器のデメリットは音が小さく，迫力がないことです。そこで，キーボードのアウトプット端子にシールド（コード）を差してアンプにつなぎます。そうすると，大きくいい音で演奏することができます。

特にアンプは入力端子が多い物がおすすめです。先日も，学年合奏をしたとき，アンプの入力１にギター，入力２にキーボード１，入力３にキーボード２，入力４にラインマイクというふうにフル活用できました。

オルガンやその他のちょっと大きめの楽器は，何かあったときに運ぶのがとても大変ですが，これだと軽いキーボードとアンプで済むので，容易にできます。

②　トーンチャイム

ＳＵＺＵＫＩ楽器から出ているこの「トーンチャイム」はおすすめです。音楽療法でも用いられるこの楽器は，波長が長く，振動が体に響くので，癒しの効果もあります。本体自体が響きやすい金属でできており，楽器を振って付属のハンマーで叩き音を出します。１本で１つの音を出すため，集団で演奏するときれいな和音を響かせられます。

③　スタンドトライアングル＋ツリーチャイム

音楽の要素として，「メロディー」「リズム」「ハーモニー」の３つをあげることがあります。この観点からいくと，ピアノ伴奏というのは実にうまくできています。ピアノ伴奏は，この３つの要素のうち，リズムとハーモニーの要素でメロディーの歌をサポートしています。

日頃の伴奏に，何か１つ楽器を加えて伴奏をより楽しくする工夫として，「スタンドトライアングル＋ツリーチャイム」をおすすめします。ちょっとした合奏の隠し味になります。

普通のトライアングルでもよいのですが，スタンドに固定されたものだと，安定したリズムでビート（拍）を出すことができますし，子どもにとっても演奏しやすいので，スタンドトライアングルがよいです。

多くの曲は８ビートのリズムが当てはまるので，子どもには８ビートのトライアングルの叩き方を教えます。

１小節に８つ叩く，８分音符でリズムを取ります。このとき，メトロノームはテンポ120くらいで拍を出します。

まずはトライアングルを左手でミュートして（握って音を小さくする），右手で軽くトライアングルを叩きリズムを刻みます。左利きの人は，反対になります。このとき，口で「１．２．３．４．１．２．３．４」と言いながら打つのがポイントです。

それができたら，「１．２．３．４」の「３」のときだけ，ミュートした手を少し離すことを教えます。これで８ビートの完成です。

うまくできない子の多くは，「３」で手を離した後，「４」を叩くのが遅れる傾向があります。そういった子には，手を離す「３」より，その後の「４」を意識させることで，うまくリズムが取れるようになります。

また，このスタンドトライアングルと一緒にそろえておくと重宝する楽器が「ツリーチャイム」です。これは，効果音的に入れるのですが，曲のエンディングや，曲調が替わるところ，ドラムで言うとフィルインを入れるところ，別の言い方をすると「Ａ－Ａ－Ｂ－Ａ」の２部形式の曲であればそれぞれの変わり目で入れると効果的です。

「どこで入れると曲が盛り上がるかな？」と投げかけ，子どもに考えさせるのも１つの方法です。

あとは，物語に付ける効果音などでも，この音は使えます。魔法をかけた音，場面転換の音，キラキラしたお星様の音などなど，子どもからは色んな発想が生まれてきます。

この２つの楽器に共通なところは，ともに金属でできた楽器で，音域が高いところです。高い音は人の耳に一番速くスピードを持って入ってくるので印象に残ります。特に合奏をするときはこの楽器を入れるだけで，音のピラミッドの頂点が持ち上がり，音楽の大きさ，広がりが大きくなります。また，凛とした響きでもあるので，しっとりとした曲でもぴったりとはまり，活用の幅が広い楽器と言えます。

④　ドラムセット

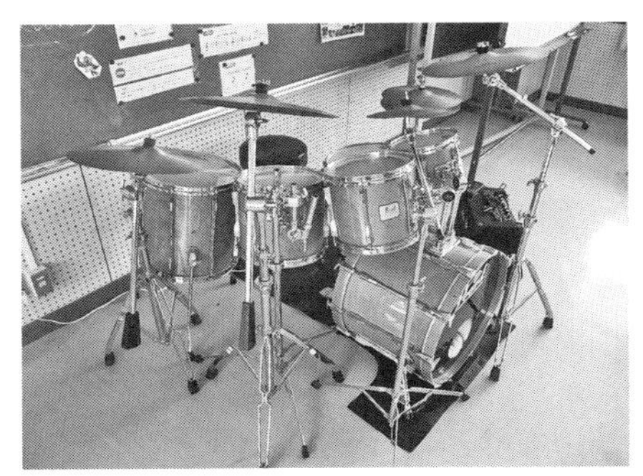

スタンドトライアングルの発展版でドラムセットがあると，さらに言うことなしです。ドラムセットはなくても，小太鼓，大太鼓，シンバルがあれば代用できます。

クラシック系の曲を演奏するときは，この小太鼓，大太鼓，シンバルの方が曲にあったサウンドになります。

しかし，ジャズ系や，ポップス系の曲を演奏するときは，やはりドラムセットの方がいいサウンドになります。

基本は，８ビートで，大きく３つに分けて子どもには教えます。

まずは低音のバスドラムからです。楽譜１のパターンから練習します。これは「１」と「３」の頭拍だけなので，割とすぐに取ることができます。

できたら，楽譜２に挑戦です。これは，２拍目の裏拍が入っているので，難易度がちょっとあがりますが，できればかっこいいので，子どもは意欲的に挑戦します。ポイントは，バスドラムを踏む足のかかとを上げてリズムを取らせることです。

次に，このバスドラムと対を成す，スネアドラム（楽譜３）です。「２」「４」拍で打ちます。子どもが取り組むときに気を付けさせたいのは「音量」です。ドラムというと「音が大きくてうるさい」という印象を持っている方もいると思います。しかし，これは叩き方次第でうまくコントロールできます。

子どもには，「スネアドラムを叩く強さは，スティックで自分の頭を叩いていたくないと思う強さくらいがちょうどいいよ」というと，それでちょうどよい音量になります。

ここまでできたら，バスドラム（楽譜１，２）とスネアドラム（楽譜３）を足して演奏してみます。

最後は仕上げのハイハット（楽譜４）です。色々できるようになればハイハットのペダルを踏んでシンバルの開け閉めをさせるのですが，最初からは無理なので，ハイハットは閉じたままにしておきます。

ハイハットは，前述のトライアングルと同じリズムでひたすら１小節８拍の８分音符を刻み続けさせます。リズムがキープできるようになったら，これまでにやった，楽譜１～３と合わせていきます。

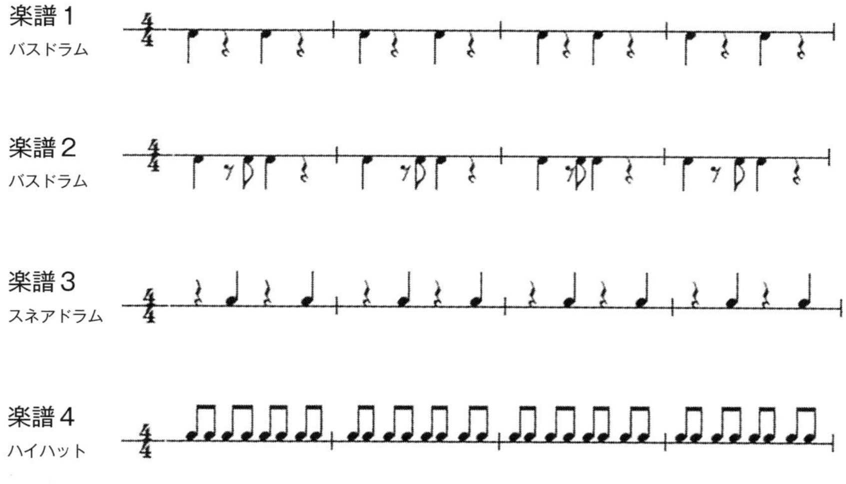

最初は楽譜１，２＋４	次は楽譜３＋４	最後に１，２＋３＋４

最後の楽譜１～４すべて合わせるのは難しいですが，勘がよかったり，リズム感がよい子どもは，ちょっと練習すればできるようになります。

教室の自分の机でも練習できるので，そのやり方を教えます。

本気で練習しようと思うのであれば，スティックはマイスティックを準備させます。なければ，学校のものを貸し出します。子どもが最初に取り組むときは，細くて軽いスティックの方がコントロールしやすいので，購入するときはそういったものをおすすめします。

・いすに座り，右足はバスドラムのペダルを踏むまね
・右手で机をハイハット代わりに叩く
・左手はひざの上にスネアドラムに見立てた厚めの本を置いてそれを叩く

こうすることで，個人練習が学校でも家でもできます。このエア練習を先生が見て，本物の楽器でやってもよいだろうと判断したところで，実際に楽器に触れさせるという手順を踏んでいけば，小学生ドラマーが誕生します。

前述のリズム遊びなどでも，実際のドラムに合わせてゲームをすると，盛り上がりますし，子どもの出番も多くなり，張り切って練習する子が増えてきます。

⑤　ザイロフォンとメタルフォン

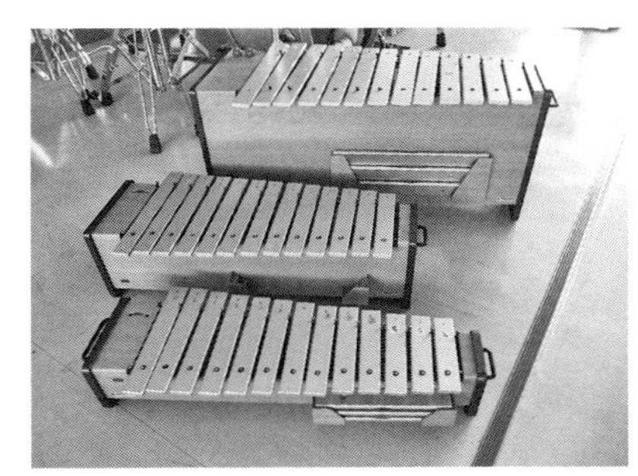

音楽室だけで演奏をすれば，大型楽器の移動を考えなくてよいのですが，体育館で発表や，公民館や，施設，はたまた地域のイベントでの演奏となれば，

木琴，鉄琴を使用した曲は，楽器の移動に頭を悩まします。

何より，木琴や鉄琴を乗せようとすると軽トラや10ｔ車などのトラックを借りてくる必要がありますし，そういった輸送費が出ない，予算を組んでない場合は合奏が成り立たなくなる場合があります。

また，校内の移動でも階段や段差，通路で楽器をぶつけ，修理が必要になったりと，楽器の移動には気を使います。特に鉄琴のペダルは外れやすいし，ぶつけやすく，壊れやすい楽器なのでやっかいです。途中で楽器をひっくり返し，「先生，鍵盤が全部取れました」とか，「輪っかが取れて楽器が傾きました」などと子どもに言われた日には，もう合奏どころではなくなってしまいます。

そんな苦労を解消してくれる楽器が，この，ザイロフォンとメタルフォンです。ザイロフォンの鍵盤は木でできており，メタルフォンの鍵盤は鉄でできています。卓上木琴，卓上鉄琴のようですが，侮ることなかれ，音が素晴らしくよいのです。また，黒鍵に当たる鍵盤がないので，シンプルですっきりしています。

鍵盤はすべて，すぐに取り外しができるつくりで，その曲に必要な鍵盤だけを並べて演奏することもできるので，いろんな使い方ができます。

例えば，和音階の響きを確認させたかったら，４度と７度のファ（Ｆ）とシ（Ｂ）の音を抜き並べておくと，順番に鳴らすだけで誰でも和音階を自由に演奏することができます。

また，黒鍵はないと書きましたが，「Ｆ♯」と「Ｂ♭」は付いているので，ハ長調，イ短調はもちろん，ト長調，ホ短調，ヘ長調，ニ長調も演奏可能です。大きさも「ソプラノ」「アルト」「テナー」と３種類あるので，それぞれ１台ずつあるととても使い勝手がよいです。

⑥　高機能オルガン

最近はオルガンも進化してきていて，こういったオルガンが学校に１台あるだけで，色んな使い方ができるなと思えます。

まず，音源の豊富さです。生活の音，効果音，動物の鳴き声や，簡単フレーズまで入っているので，ちょっとした劇や，朗読劇，音楽物語，オペレッタをするとき，行事でみんなが集まったときなど威力を発揮します。

授業の導入や，挙手した子に当てるときなど面白い効果音を出すだけで，授業が盛り上がります。

あと，リズムマシーンとしての機能。これは従来のオルガンとあまり差はないですが，ピアノの伴奏のとき，このリズムを出して伴奏すると結構子どもはノリノリで歌を歌ったり，演奏することができます。同じ曲でも，「よし，今日はサンババージョンで歌ってみるか」と言ってリズムをサンバにしてみたりすると，とても楽しい時間になります。

あと，高機能といわれる所以は，ＭＩＤＩが使えること，それにＣＤの再生機能までついているオルガンがあると言うところです。

ＭＩＤＩが使えると言うことは，音程や，早さも変えることができると言うことで前にも書きましたが，子どものコンディションにすぐ対応できるので，とても授業がしやすくなります。

知的な音楽授業をつくる！ 領域・分野別授業アイデア

歌唱の授業アイデア

① 耳の意識化

・高いものは左，低いものは右

これは何かと言いますと，音楽を聴く人から見て音の高いものは左手，低いものは右手から聞こえて来るということを表しています。

例えば，合唱の隊形，観客側から見て左から「ソプラノ」「アルト」「テノール」「バス」となっています。吹奏楽では，左手のピッコロ・フルートから，右手のチューバ，コントラバスも同じくその並び。オーケストラも，左手から第１バイオリン〜ビオラ〜チェロ〜コントラバスと同じくその並びです。【図１】

鍵盤楽器もしかり。演奏する側から見ると，ピアノをはじめ，マリンバやビブラフォンも左に低い音，右に行くと高い音の配列になっています。つまり対面して聴く聴衆側からは同じく左が高い音，右が低い音になっています。

ジャズオーケストラの世界も，部分的にちょっと違いますが，大方この並び方です。ジャズオーケストラは，多くの場合，観客から見て左側にリズムセクション（ピアノ，ギター，ベース，ドラム），次にホーンセクションが上から，トランペット，トロンボーン，サックスと並びます。金管楽器であるトランペットとトロンボーンは，１st（一番音が高いパート）を吹くリード奏者が左から２番目，一番左は２nd 奏者になり，１st 奏者の右が３rd 奏者，一番右が音の一番低い４th 奏者になっています。これは，より複雑で繊細なハーモニーをつくっていく上で主音の１st 奏者の音を両側の２nd,

３rd 奏者が聴いてハーモニーをつくっていくという意味があるのだと聞いたことがあります。【図２】

普段からこのことを意識しておくと，１年経ったときに感覚として大きな違いが出てきます。

具体的には，歌で二部に分かれるときは必ずこれを意識し，上のパートを歌う子が指揮者から見て左，低いパートの子が右に並びます。【図３】

パートを入れ替わるときは，人だけが入れ替わって，パート自体の位置は変えないようにします。こうしておくと，常に高い音は自分から聞いて右手の方，低い音は左手の方という耳の意識化ができてきます。

合奏の場合も同じですが，リズム楽器を伴うときは，ジャズオーケストラになぞらえて，リズム楽器である，ドラムセットや，大太鼓，小太鼓，トライアングルにラテンパーカッションを左に配置します。木琴と鉄琴があった場合はもちろん，音が高い鉄琴を左に配置します。

自分たちがこういった配置で音楽活動をしていると，コンサートやライブに行った子どもが，自分たちと同じ音の配置をしているということに気付くことができます。また，そういった視点で聴くことができると，より音楽の面白さに迫る子どもが増えてきます。

音楽は自ら声や音を出す（アウトプット）ことが，重要と考えがちですが実は，聴くことの方が出すことより大事なのです。音の高低を位置によって意識化することだけでも，聴き方は変わってきます。ぜひお試しください。

【図１　オーケストラの配置】

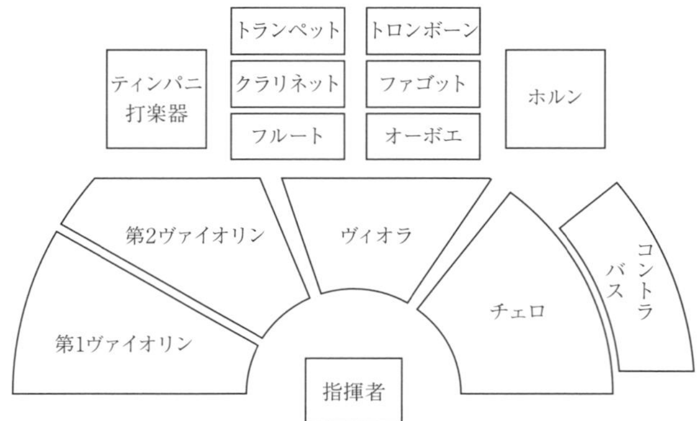

【図２　ジャズオーケストラの配置】

【図3　合唱の隊形（ソプラノ・アルト・テノール・バス）】

②　発声の指導

小学校の音楽の先生なら誰でもいつでも考えている，永遠の課題ですね。いろんな講習会に行って学んできたことを，ひたすら実践され，自分のスタイルを持たれている先生も多いと思います。

私も日々勉強，これでよいと思ったことはありません。これまで受けた講習会の中で，今でも私の「やり方」のお手本になっている大志万明子先生の実践を中心にシェアします。

新指導要領のA表現 (1) ウの歌唱の項でこの発声指導に関わる部分は (イ) と (ウ) に当たります。

第１学年及び第２学年
(イ)　自分の歌声及び発音に気を付けて歌う技能
(ウ)　互いの歌声や伴奏を聴いて，声を合わせて歌う技能

第３学年及び第４学年
(イ)　呼吸及び発音の仕方に気を付けて，自然で無理のない歌い方で歌う技能
(ウ)　互いの歌声や副次的な旋律，伴奏を聴いて，声を合わせて歌う技能

第５学年及び第６学年
(イ)　呼吸及び発音の仕方に気を付けて，自然で無理のない，響きのある 歌い方で歌う技能
(ウ)　各声部の歌声や全体の響き，伴奏を聴いて，声を合わせて歌う技能

小学校６年間を通して，発達段階に応じた発声の方法が求められると思います。最終的に目指すのは，第５学年及び第６学年の目標だと思うので，それまでの学年はそこに行くため，次の学年につながる指導が必要になってきます。

どの学年でも共通に押さえておいた方がよいことを，流れに沿ってご紹介しましょう。（囲みは教師の発問，指示）

歌う姿勢は「東京タワー」と「スカイツリー」どっちがよいと思う？

高い方，または新しい方がよいと思い，「スカイツリー」と答える子どもが多いと予想されますが，ここの正解は「東京タワー」です。

これは立ち方の姿勢を表しています。「スカイツリー」は足がすっと立っているので，かかとと足先がついた状態です，と説明します。

それに対して「東京タワー」は足が少しだけ広がっていて安定感がありますと説明し，みんなで東京タワーになってみようと声をかけます。

ここで，スカイツリーもやってみると，違いが体で分かります。

次に息を吐いて吸ってみます。息は体のどこに入っているか感じながら吸いましょう。

まずは，思いっきり吐きます。口から吐いて吐いて吐いて吐いて～吸うときは鼻からゆっくり吸います。空気がどこに入っているかな？

３回くらい呼吸を繰り返し，子どもに尋ねます。

「口」「のど」「胸」「おなか」「肺」……実際に入るところは「肺」です。しかし，イメージをするのに必要なのは「おなか」であったり，「胸」であったりします。

あーーーって声を出しながら，体の色んなところをさわってごらん。

頭の先から，つま先まで，自分で声を出しながら，ビリビリと震える部位を探っていきます。すると，子どもたちは一生懸命体のあちこちをさわりながら響く場所を確認していきます。

一番上はどこまで響いてますか？

子どもたちは「頭！」と答えます。「正解！」

一番下はどこまで響いてますか？

「おなか？」「？」
このあたりの境目を，子どもたちはうまくは言い表すことができません。
そこでちょっとヒントを出します。

音はやわらかいものより，硬いものの方が響きやすいです。
体の中で硬いところってどこでしょう？

ここまでくると，子どもは「分かった分かった」と手をあげます。

そうです，答えは「骨」です。上は頭の頭蓋骨から，下は，胸骨が切れるところまで響かすことができます。

この頭の先から胸骨の切れ目までを「箱」と考えてください。
くしゃっとした箱では，いい響きが出せません。
この箱をしゃきっとしたきちんとしたものにすれば，いい響きが出ます。

そして「立ちましょう」といって，気を付けをさせます。

では実験です。気を付けの姿勢から「あーーー」と声を出しながら，腰が曲がって杖をついているおじいさん，おばあさんの姿勢まで体を倒していきます。

まず教師が，実際にお手本を見せます。

起立の姿勢

前屈みになった
お年寄りの姿勢

実は，この気を付けの姿勢でも，まだきちんとした箱ができる必殺技があります。それは，気を付けをしたあとに「押忍!!」と言って，武闘家がよくするように両拳を体の前で握りしめ，そのまま気合いを入れるようなポーズで両腰のあたりまで持ってくるのです。すると，なんと胸のあたりがさっきの気を付けよりさらに開いているのです。

ポイントは，肩胛骨（けんこうこつ）が後ろにぐいっと動き，裸になって後ろを見たときに，背中に漢字の「小」の字ができるような姿勢です。

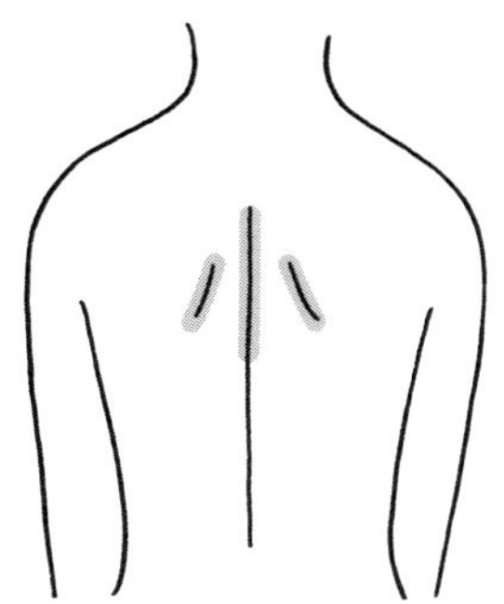

　うまくできたら，腰にあった手は背中をそのままの状態にして戻します。 最後の仕上げは，大事な筋肉を締めることです。
　みなさん，下痢をしたことがありますか？　下痢をしていてビリビリうんちが出そうなとき，どこに力を入れますか？
　そう，お尻の筋肉をぎゅっと締めるよね。そこに力を入れましょう！

　こうやって，お尻の筋肉を締めることで，同時に腹筋にも力が入っているのです。この状態で歌いはじめると，いい発声の大事な姿勢になります。ただ気を付けないといけないのは「肛門の筋肉を締めましょう」という指示です。肛門を意識すると声帯も閉まってしまい，声が出にくく，響きにくくなります。

　次はいよいよ，声の整え方です。基本的なスタンスとしては，「無理なく自然な声」を目指すので，どなったり，力が入りすぎた歌声はまずＮＧです。高い音を歌うときは，「頭声的発声法」で出していくのが自然で響きがある歌い方になると思います。
　問題は，頭声的発声に切り替わるまでの音域帯をどう発声させるかです。まず，地声はだめです。かといって低い音域帯から頭声的発声をすれば，歌自体が弱々しくなり気持ちも伝わりません。

低い音域帯の地声的発声を響きのある発声にし，音域が上がっていくときに，どこで切り替わったか分からない歌い方，響かせ方がベストだと考えます。

地声的な発声を自然で響きのある発声に変化させるには口の使い方が重要になってきます。

遠くの人に声を届けるとき，声を大きくする以外，何かよい方法はありますか？　マイクは使えません。

なかなか答えが出にくいのでヒントも出します。

サッカーや野球の試合で監督さんが歓声の中指示を出すところを見たことあるかな？　何かを使ったり，手をどうかしてるのを見たことないかな？

すると，「メガホンを使っている」とか，「手を口のところに持って行って叫んでいる」という答えが返ってきます。

そうです，みんなには自分の口でこの「メガホン」をつくってもらいます。校舎から運動場に放送するときのラッパ型のスピーカーを想像してください。その形を口でつくってみます。

タコのような口をするものもいれば，ただ口を大きく開けた子もいます。そこで，もっと具体的に指示を出します。

両手を使って上唇と，下唇を横からつまみ，それを前に出してくちばしみたいにします。それを上下にパタパタさせてみましょう。

これは大げさな形ですが，イメージはこの形です。次は，そのイメージを持ったまま，メガホンをつくってみます。

ポイントは口を上下に広げ声を出すことで，声に響きが生まれると言うことです。試しに，このメガホン状態から，普通の口に戻しながら声を出すと，その変化に子どもたちは気付くことができます。

このあたりで，小学校での合唱の声づくりはよいかと思います。ＮＨＫの合唱コンクールを目指すようなコーラス部だと，もっともっと細かい指導や技術が必要になるのでしょうが，クラス合唱や学年合唱であればこれだけでもそろえば，立派なものだと思います。

よくある指導で，口を大きく開けさせるため，「指を縦に２本入るくらい開けてみよう！」「耳のすぐ横に口を開けたときにくぼみができるところがあります。そこがへこむのを指で触って確認して歌いましょう」という指示を出される先生がいます。そうすると顎関節症になりやすく，関節を痛めるので気を付けてくださいと，口腔外科の先生から注意されたこともあります。

また，スタッカートの発声練習を中心にすると，歌詞がブツブツに切れた歌い方の癖がつきやすいので，レガート（なめらかに）での言葉の発声を心がけると歌詞が生きた歌声になってきます。

③　音楽物語に取り組もう

合唱曲をつくり上げる過程も楽しいのですが，やはり音楽は誰かに聴いてもらうのも醍醐味の１つです。エンドポイントを明確に持って，いつ，誰にどの曲をどんな思いで伝えたいのか？　ということが先生と子どもで共通理解できたときの合唱は感動的なものになります。

曲だけの魅力で発表というのは王道ですが，今や学校の音楽の授業時間だけでは，そこまでの完成度を求めるのは難しいです。

そこでこの「音楽物語」をおすすめします。音楽物語というのは，ある物語を台詞と，合唱曲，中には器楽も入れて表現するものです。以前は，「オペレッタ」と呼んで取り組んでいた学校も多いのではないかと思います。

最近では「音楽物語」と呼ぶ作品が多く，プログラムなどでもこの表記が多く使われています。

1　発表の場を決める

この手の作品は授業中歌って終わりではなく，どこか発表の機会を設け，そこに向けて練習していくという取り組み方がおすすめです。ＰＴＡ授業参観なのか，２分の１成人式なのか，施設訪問・交流なのか，音楽会なのか，まず目標を決めることが第一です。

また，演奏の時間制限があるかどうかで，作品全体を演奏するのか，時間が限られているので，何曲かカットするのか？　台本を省略するのか？　テーマソングのような１曲だけの演奏にするのか？　など指導者側の思いと決断が必要になってきます。

2　原作を読み聞かせ

まずは，その作品の原作を子どもに読み聞かせするところから入ります。最近の作品は，国語の教科書の「物語教材」を題材にしたものが多く，国語の授業が導入となり，そのまま音楽の活動に入れることがメリットとしてあります。授業中の発問により，主人公の心情やそのときの情景が既に子どもの心の中に描かれているので，表現もしやすいです。

教科書の作品でない作品は，元の絵本などをまず読み聞かせします。この場合，歌の指導をする際に歌詞を覚えながら，国語の授業と同じように物語の理解を深めていくことが必要になります。音楽の時間だけではそんな指導の時間は取れないので，「総合的な学習の時間」で合科型として取り組むことをおすすめします。

3　デモ演奏を聴く

次に，その作品のデモンストレーション演奏を聴かせます。最近の作品は取り組みやすいよう，デモンストレーション演奏と，カラオケ演奏が一緒に収録されたＣＤ音源もつくられているので，とても指導しやすくなっています。

１回目は，何も見ず，聴かせます。２回目は楽譜と台本を見ながら聴かせると全体の構成や曲調，台詞などが分かり，子どもの飲み込みも早くなります。

4　作品のナレーションパートと，曲のパートの歌詞を読み込む

次に，歌詞とナレーションの部分を読み込みます。この部分は前述した国語の授業の代替部分になるところなので，ただ読むのでなく，状況や心情が読み取れるような指導が必要になってきます。

5　曲の練習

ここで，曲の練習に入ります。作品によっては，小道具を用意したり，ペープサートをつくったり工夫すると，発表が盛り上がります。

＊おすすめ音楽物語

<u>低学年向き</u>

くじらぐも，きつねのおきゃくさま，はれときどきぶた

にゃーご，ともだちや，たぬきの糸車，お手紙，おおきなかぶ

中学年向き

エルマーのぼうけん，おしいれのぼうけん，ちいちゃんのかげおくり

一つの花，とべないホタル，ちびっこカムのぼうけん，白いぼうし

高学年向き

海のいのち，ぼくときみの夏，月光の夏，滝廉太郎，学校物語など

④　トマティスメソッド

トマティスメソッドとは，フランスの耳鼻咽喉科医アルフレッド・トマティス博士が開発した「聴覚と発声のトレーニング」です。このメソッドは，「聴き取りが変われば，発声も変わる」という理論のもと，音楽，語学，リラクセーション，発達障害の方の聴覚ケア・サポート，といった耳と声，ひいてはコミュニケーションに関わる分野で，現在世界75カ国で実施されています。

トマティスメソッドの中心にあるのは「聴くことの大切さ」です。発声トレーニングもこの「聴く」を主体として行われていきます。以前，トマティス発声法の理論と実践を体験できる「耳と声の講座」に参加し，授業に取り入れたところ，子どもの歌声に大きな変化が起きました。そのメソッドの一部を紹介したいと思います。

（1）聴く準備を整える。

その1：“聴き取りの姿勢”を取る

見本は大仏様や観音様の姿勢です。次のように誘導し，自分の身体の水平と垂直のラインを意識させせます。①肩の上に耳が乗っている。（顎が上を向いていたり，引きすぎていると耳は肩から外れた位置になってしまう）②骨盤，鎖骨，肩に乗っている左右の耳を結んだライン，が床に対して並行，とイメージする。③みぞおちを緩める。（そうすると背骨も緩まる）④鼻とおへそを結んだ垂直のラインを意識する。

この状態のとき，耳は正しい位置にあり，よりよく聴くことができます。音を聴くということは，耳の位置が何より大事なのです。耳が正しい位置にあると，身体は自然と正しいポジションになります。トマティス博士は「頭と心と体のバランスが大切」と言っています。身体のポジションが整ってはじめて，聴くことも話すこともでき，また，物事への対処がしやすくなります。自分と他者の声を聴き，よりよいハーモニーをつくり出す歌においても，これはとても大切なことです。

その２：深い呼吸

聴き取りの姿勢を取ると，身体の余分な力が抜け，自然と呼吸は深くなります。左右の肺を２つの壺のようにイメージし，その壺の底から徐々に水位が上がっていくようなイメージで，優しく息を鼻から吸います。そして吸った倍の時間をかけて口から息を吐きます。この息に言葉が乗って空間に伝わっていくイメージを持ちます。呼吸で肩が上下している時は，浅い呼吸になり，身体が緊張してしまいます。

その３：リラックス

深い呼吸は心身のリラックスをいざない，身体の中は静かになります。

聴き取りの姿勢，深い呼吸，リラックス，この３つの条件がそろってはじめて，身体は歌うための最高の楽器となります。

（2）自分の優しい最小の響きを聴く。

＊骨導ハミングに挑戦しよう

上記の聴く準備ができたら，自分の声の優しい振動（骨導ハミング）を体感させます。骨導ハミングとは，声帯の振動が背骨に伝わっている最小の響きです。これまでの発声練習のかわりに，この骨導ハミングをさせてみたところ，歌声に大きな変化が出てきました。

① まずは自己流でハミングさせます。ほとんどの子は，口腔や鼻腔が震えるハミングになります。

② 次に，口や鼻ではなく，背骨を意識して，自分がコントロールできる一番小さなハミングをしてみましょう，そしてその小さなハミングの振動を背骨で感じてみましょう，と言います。

③ このとき，心も静かに落ち着いてきます。そして，他の友達のハミングも聞こえるか尋ねます。聞こえているとき，そこには，優しい共振が起こっています。

この共振が，合唱の一番大切な要素になります。日常でのよりよいコミュニケーションのベースともなるのです。

トマティス発声法をまとめた小冊子『耳と聲』（全６号）に共振についての記述がありますので，以下に転載します。

『耳と聲』05号“はじめに”より転載

はじめに

今号のテーマは「共振から共感が生まれる」です。01号から04号までは，よりよいコミュニケーションのために何よりも大切なことは，受信体である自分自身をまず調えること，すなわち，「自分を聴く」ことについての話でした。そのために必要な条件は，①聴き取りの姿勢，②深い呼吸，③リラックスができていること，そしてその上で骨導ハミングを聴くことでした。いわばこれはすべて，「自分との対話」です。これができてはじめて，他者とのコミュニケーションが成立します。今号はいよいよその領域に入ります。

トマティス博士は「身体は楽器である。その楽器が気持ちよく鳴ることで，相手の楽器も鳴る。これが共振であり，共感につながる」と表現されていました。

この文章が伝えるイメージ通り，ここには優しい空間が存在しています。自分の楽器が気持ちよく鳴る，という状態は，声に骨導ハミング（響き）がともなっているということです。この時，心身はリラックスしているので，骨導ハミングは空間を伝播します。このプラスでもマイナスでもないニュートラルで静かな振動が，相手の楽器をも優しく鳴らすのです。これが共振です。もし力ずくの振動だったらどうでしょう。ボリュームは大きくてうるさいばかりで，自分もやがて疲れ果てるし，相手の楽器も凍りついてしまうかもしれません。共振するには，まず自分が優しく振動していることが条件のようです。それが自分のみならず相手を安心させる。この安心感の元に，よいコミュニケーションが生まれます。

共振は，優しい空間で生まれ，そしてそれが今度は，お互いのコミュニケーションを促す土壌となるように思います。

コミュニケーションはよくキャッチボールに例えられます。実際のキャッチボールでは，最初の投球でお互いを知り，そして次はお互いがキャッチしやすい距離・スピードで投げる。キャッチボールを続けるために，相手の球は全力でキャッチする。こちらが暴投した時は，そのボールを拾いにいく相手の姿を見て，今度こそは届く球を，と思う。―ここには，気持ちよくキャッチボールを続けたい，という共通の思いからくる，自分でも気づかないうちに働いている配慮，思いやりがあります。

コミュニケーションのベースに置くのも，まさにこの配慮ではないでしょうか。前述の共振の場を作るのもその一つですし，キャッチボールの球と同様，まさに，相手が苦労せずにキャッチできる声で話す，ということもその一つです。コミュニケーションはもちろん内容が大事なのですが，それ以上に大切なことは，それを運んでくれる音声に意識を持つことです。内容がよくても，聴きにくい音声では，相手に届く情報は減じてしまいます。キャッチしやすい声には，声の高さ，話すスピード，その空間に合ったボリューム，息の流れ etc …，さまざまな要素が関わってきます。今号ではその具体的な話も語られます。そしてそれはすべて，自分の声を普段から「よく聴く」ことで調整の精度が高まるのです。

トマティス博士は「言語は見えない手足となって，いろいろな意味で聴く人に触れる」とも述べています。音声は振動ですから，物理的に周囲へ影響を与えています。ある研究によると，暴力的な言葉は，赤ちゃんの聴覚の発達に影響を及ぼすそうです。言葉の意味がわからない分，その言葉に伴う強烈な振動や粗野なリズム，不適切なボリューム等の不快さは，より直接身体で受け止めることでしょう。身体の調和を乱す音を聴きたくなくなるのは，当然のことです。

「大切なことは目に見えないんだよ」―これは『星の王子さま』（サン＝テグジュペリ作）の中の言葉です。トマティスメソッドでは，聴覚トレーニングの音材に『星の王子さま』を使用していますが，これもトマティス博士からのメッセージだったのかもしれません。
目に見えないものこそ，大切に優しく届ける。そこに誠実な共振が起こり，共感が生まれるのだと思います。

＊トマティスメソッドの「耳と声の講座」は以下で実施されています。
トマティスリスニングセンター東京　http://www.ear-voice.com/
トマティスリスニングセンター神戸　http://www.tli-tomatiskobe.com/
＊トマティス発声法をまとめた「耳と聲」のサイトはこちらです。
http://ear-voice.info/form.html

② 器楽の授業アイデア

① リコーダーの「ユニゾン」でクラスの一体感を体感

まずこの，「『ユニゾン』って何？」からですよね。それは，「みんなで同じ旋律を演奏する」ということです。「何だ，そんなことか」と思われるかもしれませんが，音楽の要素でこのユニゾンは大事な意味，役割を持っています。

それは，みんなでそろうことの楽しさ，心地よさ，気持ちよさを味わえるところです。

みんなで同じ歌，同じ旋律を歌う，演奏する場面，これが音楽の時間の中で一番多い時間でないでしょうか？　子どもは，理屈では分からないけれど，この心地よさを体感しているから，音楽が好きになるし，歌うこと，演奏することが好きなんだと思います。リコーダーで，このユニゾンを味わってみましょう！

・音楽授業のリコーダーは本物じゃない?!

まずは，３年生を受け持ったとき，よく使うリコーダー導入のお話しです。

リコーダーってどんな楽器？

そもそもリコーダーという楽器は西洋の楽器で，木でできています。ですから，みんなが使っているのはプラスチックなので本物ではありません。

リコーダーの伴奏って？

リコーダーの伴奏は，本来は「チェンバロ」という，ピアノに似ています

がちょっと違う楽器で伴奏をします。ですから，音楽の授業のようなピアノによる伴奏は，本物ではありません。

リコーダーはみんなで吹く楽器ですか？（つまりユニゾン）

いいえ，西洋ではソロ楽器ですから，学校でみんなで吹くように，群れて吹くことはしません。

・教科書のリコーダー曲は日本スタンダードの結晶

じゃあ，リコーダーって全然本物じゃないんですね！ってことになります。そこで，これまで世界の常識であったリコーダーの概念を覆し，日本のスタンダードとして伝えているのが，学校におけるリコーダーでの器楽指導なのです。

ここまで本来のリコーダーからかけ離れているのなら，プラスチックでできていて，ピアノで伴奏し，みんなで吹ける曲をつくればいいじゃないかと言うことで，学校現場の先生を中心にそういった日本の現状に合う曲をつくっていきました。

だから，今教科書に掲載されているリコーダー曲や，リコーダー曲集として使われているのは，そんな背景から生まれた，みんなで同じ旋律を吹いて楽しめる日本独自のリコーダー文化の結晶なのです。

・日本版リコーダーで世界とつながる

あるとき，私が５，６年生を担任した子どもが20歳になって，私がそのとき勤務する学校にやってきて，「先生，世界放浪の旅に出る予定なんですが，日本を伝えるために何を持って行けばいいでしょうか？」と言いました。

彼は小学校時代から柔道を頑張っており，中学で県大上位入賞，高校も大学も柔道のスポーツ推薦で行った，バリバリの体育会系でした。柔道着は持って行って各国の柔道連盟で講師をしたいと決めていました。楽譜は全く読

めなかったのに，リコーダーだけは上手に吹いていた彼の姿を思い出し，

リコーダを持って世界を放浪してみれば。

とアドバイスしました。彼は，日本の音楽といえば，尺八や琴，三味線に篠笛といったイメージがあったようですが，実はリコーダーは，逆に日本が生んだ新たな世界スタンダードだから大丈夫，リコーダーで「さくら」や「荒城の月」などを演奏すれば，その空間はきっと，日本になるよ，とアドバイスしました。

試しに，５，６年生のころ演奏していた曲のカラオケＣＤをかけて彼と一緒に吹いてみましたが，まあ見事に体が指使いを，曲を覚えていました。

吹き終わった後，「先生，リコーダー吹くと，不思議とあの頃のことを思い出しますね。みんなで吹いていたリコーダー，当たり前だと思っていたけれど，当たり前じゃなかったんですね」と彼は言っていました。

それからしばらくして，彼の動静がfacebookを通して知ることができました。そこにはアジアのどこか田舎町の十字路で柔道着を着てリコーダーを吹く彼の姿が写っていました。私へのメッセージで，「先生，大成功です。柔道着を着て，街の中心的な広場に行ってリコーダーを吹きはじめたら，大勢の人が集まってきて，帽子の中にお金をたくさん入れてくれるんです。『ふるさと』を演奏したら，涙を流す人もいて，音楽って国境を越えるんだなと実感しました」と。

道中出逢ったギターを持った日本人バックパッカーと意気投合し，あちこちで演奏したらバカ受けで，持参した世界２週分の費用は200万円だったけど，なんとか２年間持ちましたという強者ぶりでした。

ちなみにその彼は今，ちょっと特殊な海外ツアーの添乗員をしながら，プロのカメラマン目指しています。

・ユニゾンで体感する

話は飛びましたが，リコーダーはそういった可能性も持った楽器です。

ユニゾンの話に戻りますが，実はきちんとした，機械ではかったようなユニゾンは面白みがありません。かといって，ずれすぎた演奏は聞き苦しいので，表現が難しいのですが，色んな音色，癖，微妙なタイミングのずれがあってもそれが許容範囲であれば，その微妙な違いがまとまって出てくる音楽は素晴らしいということです。

そろえようという気持ちがあって，結果微妙なずれが生じても，それがその集団の味わいになるとも言い換えることができます。

> 演奏していると，後ろから，いや後ろだけじゃないな，ステージ全体から何か「ゴオオッ!!」って音が聞こえる瞬間があるんだな。それを一度聴いてしまうと，これやめられなくなるくらい，魂が震え，鳥肌が立つような感覚になるんだよね。もう一度あの音を聴きたいってね。

私は趣味で演奏活動をしています。高校時代にはじめたトロンボーンを今でも吹いています。この話は元プロで演奏活動をしていたバンドメンバーから聞いた印象に残っている話です。

吹奏楽やクラシックのオーケストラも経験しましたが，一番はまったのが，ジャズオーケストラ（ビッグバンド）の世界です。私も何度か過去にこの感覚に近い経験をしたことがあります。特に，ハーモニーで動く場所でなく，ユニゾンで演奏しているときにこの，「ゴオオッ!!」って音が聞こえてきました。これは経験した者でないとうまく説明ができないことですが，おそらく子どもたちもユニゾンで演奏していて，楽しい，面白いと思える瞬間があるのなら，これに近い感覚を味わったのかなと考えてしまいます。

> みんな，まずリズム，タイミングを合わせるよ。
> 次に，旋律，指つかいを合わせるよ。

さらに，息（ブレス）を合わせるよ。
そして，気持ちを合わせるよ。
すると，みんな深いところでつながっているのが感じられるよ。

・「飛行船の旅」でユニゾン体感旅行

教科書の練習曲もいいのですが，あえてリコーダー曲集の導入をおすすめします。一番のおすすめは，「飛行船の旅」（トヤマ出版）です。

難易度が低い曲から高い曲へと並んでいますが，一番の使い勝手は，伴奏譜と模範演奏とカラオケ演奏が入ったＣＤがあることです。しかも，リコーダーの旋律だけだとあまり吹いていて楽しくないのに，伴奏の編曲が素晴らしく，伴奏に合わせて吹くととても楽しくリコーダーを吹くことができます。伴奏マジックで，あれ？　リコーダーがうまくなったのかなと思えるのが，子どものモチベーションを上げます。

特に１曲目の「きかん車ＡＣ85」は「ド」と「ラ」だけで吹くことができ，しかも導入で指導が難しい「タンギング」についても指導しやすい曲になっています。

⑴まず模範演奏を聴く

教師の演奏またはＣＤで曲を聴かせます。楽譜も渡しておきましょう。また拡大した楽譜か階名を書いた模造紙などを黒板に貼っておきます。

⑵次に曲の進行を確認する

この曲にはリピート記号と，*D.C.*（ダ・カーポ），*Fine*（フィーネ）があるので，１段目のリピート記号で，もう一度１段目を繰り返すこと，ダ・カーポで，最初に戻り，再びリピートし，フィーネで終わることを確認します。

⑶手拍子でリズム奏をする

どんな曲でもまず書かれてある音符の長さ，リズムを確認しましょう。２小節づつ確認し，慣れたら４小節で確認。最後はＣＤに合わせ手拍子し確認します。

⑷リコーダーの運指を確認

「ド」は指番号（０・２），「ラ」は（０・１・２）であることを確認。全員で同じ音を出して確認。ここで，ていねいに一人一人指と音を確認。座っている順（１列目横に）１人ずつ「ド」の音を１秒間隔で次々吹いて正しく指が置かれ，音が出ているかを確認します。一斉に音を出すと分からないけれど，一人一人だと音が出せていない子をここで救えます。

⑸タンギング練習

まず声を出して「トゥトゥトゥトゥトゥトゥトゥトゥー」

次に声を出さず息だけで同じリズムで言います。このとき，舌が上の歯の裏側の付け根に付いていることを確認しましょう。

最後に，その息の状態でリコーダーをつけて演奏させます。

こうすると，確実にタンギングができるようになります。

⑹最後は伴奏に合わせて

ここまできたら，あとはＣＤやピアノ伴奏に合わせてひたすら繰り返して演奏。一体感が味わえます！

② 「通奏低音」で縁の下の力持ちの魅力を体験

音を視覚化したときどんな世界が見えるのでしょうか？　色が見えたり，形が見えるという方を何人か知っていますが，多くの人はそこまで視覚化できないと思います。しかし，誰でも感じられ，視覚化できる要素があります。それが，音の高低です。

高い音，低い音は，皆さん聞き比べることができるし認識もできます。そこで，簡単な音の視覚化を，三角形をイメージしてやってみると，音楽の聴き方が変わってきます。

高い音を三角形の上の頂点，低い音を三角形の底辺として捉えることができると思います。バランスのよい音楽はきれいな三角形を描いています。

ここでいう，バランスのよい音楽とは，演奏して鳴っている音の高低，音の厚みのバランスをいいます。人間の耳は同じ音量であれば，高い音を強く感じ，低い音を弱く感じるという癖があるようです。そこで高い音は小音量でも聞こえやすい，低い音は大きめの音量で聞こえるというバランスが成り立ち，その理想の形が三角形となるのです。

縦軸に音の高低，横軸に音の厚み（和音，楽器・音色・大きさの量）を図形化して表現しています。

例えば，オーケストラは音の高低でいうと，最高音にピッコロ，最低音にコントラバスが鳴っており，高低差でバランスが取れています。さらに，音の厚みでいうと，高い音はそれだけで人の耳に届くので，音量は必要ありません。それに対して低い音は人の耳に認識されにくいので，音の厚みが必要になります。オーケストラを見てみると，ピッコロは大きな編成でも１本（人）がほとんどです。それに対してコントラバスは，５台から８台で演奏していることが多いです。

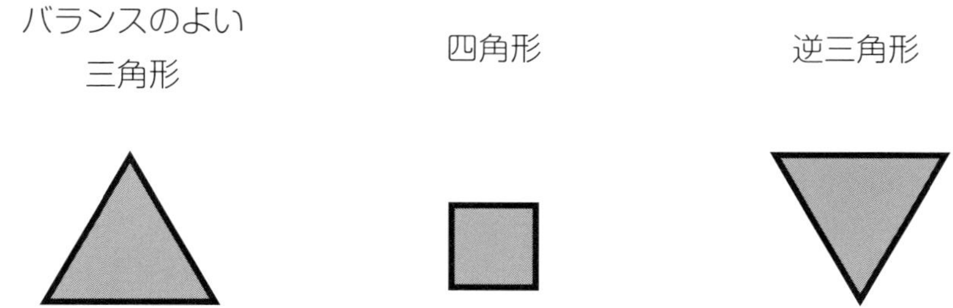

それに比べ，学校で日頃耳にする音楽の音域帯は真ん中の四角形が多いと思われます。音の高低で見てみると，高音は子どもの声が最高音となることが多いので，五線譜でいうと第４間の「ミ」の音くらいが最高音になります。音の高低差が大きくないので，縦軸が狭まります。簡易伴奏譜などで伴奏すると，左手の音域が高く，軽い曲調になってしまいます。

また，音色もピアノと声だけ，ハーモニーも斉唱が多いので，横軸も狭くなり，このことで，図形化した例で行くと，四角形になります。

そこで，この「通奏低音」の出番です。簡易伴奏譜でもかまいませんが，左手を弾く位置を１オクターブ下に下げます。左手の低音が安定するだけで，子どもたちはどっしり支えられている感が増し，歌いやすくなります。新しい曲で音が取れてくると，指１本でこの和音の根音を弾いてあげるだけで，歌も演奏もよくなります。

もう少し本格的に取り組む場合は，バスオルガン，エレキベース，キーボードでベースの音を出すと，重みと厚みのある空間に変わります。

上のイラストの一番右はどんな状態かお分かりでしょうか？　鉄琴，ハンドベル，トライアングル狂想曲のような感じでしょうか？　低音なしの，高音の楽器ばかりでは，土台が安定していないので，やかましくキンキンと聞こえてくる音楽になってしまうということです。

低音はみんなの支え役
低音はバックエンドの見守り人
低音は最終責任者

体育の組体操などのピラミッドや，タワーの土台になる子は，その学年でも体格がよく，肉体的にみんなを力で支えられる子が選ばれます。これは，事故やけがを考慮すれば当たり前のことです。

しかし，体格が小さな子でも，その土台の気持ちを味わえるのがこの通奏低音です。音符が苦手な子がいたら，階名をカタカナ書きにしたものでもよいので，低音を出せる楽器に置いておけば，どんな子でもその感覚を味わうことができます。

私の音楽仲間でも，ベース音を好んで演奏している方々は，やはりそういった縁の下の力持ち的な素敵な方が多いなと思いました。

③　リズム楽器で裏打ちにチャレンジ

学校にほしい楽器の項でも書きましたが，リズム楽器が合奏に入ると文句なしに楽しい気分になります。

カスタネットは個人持ちなので，全員が使えますが，タンバリンや鈴，トライアングルといった小物楽器は数名に１個ずつしかなく，大太鼓や小太鼓，シンバルといった大きな楽器は各１個ずつくらいしかないので，取り組ませるときに工夫が必要です。

まずは，全体の扱い・指導をした後，個人で練習します。その際，手を叩くことでリズムを確認すると，つまずきが確認できます。その後，楽器を使用していきますが，数名に１つしかない場合は，班や小グループで１つの割り当てとなります。大きな楽器は出席番号順や，座席の順番で全員に１回は楽器に触れさせる工夫が必要です。こういった経験は，平等になるべく多くのチャンスを与えるのが重要です。

合奏として仕上げていく場合には，まず取り組む曲のメロディーを全員で鍵盤ハーモニカか，リコーダーできちんと吹いていきます。

曲の全体像を確認してから，数が少ない楽器の希望者を募り，オーディションをしていきます。パーカッションは何といっても「裏打ち」でどれだけ安定して叩けたかが合否の境目となります。

この「裏打ち」リズム楽器のオーディションでは一番分かりやすいチェックです。

4/4

一応，希望でない子にもオーディションでの試験内容は伝え，やり方も教えておきます。案外張り切って立候補した子よりも，最初立候補はしなかったけどやってみたら，思っていたより上手で，これならいける！　と後で立候補する子もいたりして，オーディションが盛り上がります。
以下は，裏打ちの教え方です。

最初はメトロノームをテンポ120くらいに合わせて，口で「１と２と３と４と」を連続で言っていきます。

このとき，１，２，３，４に当たる部分がメトロノームのカチッカチッカチッカチッという音のところです。

子ども：「１と２と３と４と１と２と３と４と～簡単や！」

では次に，「と」と言ったところで，手を叩いてみましょう。

みんなでやるとつられてできますが，個人でやると，約３分の１から４分の１くらいの子がメトロノームと一緒のときに手を叩いてしまいます。
この場合，もう一度口で言うところからやり直しします。そうすると，きっかけがつかめ，できるようになる子が増えます。
オーディションまでは最低でも１週間の時間を与えます。ここでやる気を見せて頑張る子は，たとえこれまでリズム感がよくなくても，１週間で安定したリズムに激変する可能性を持っています。

オーディションは安定して続けられた回数の多い順に合格とします。

数で数値化されるので，間違いなくリズム感のよい子が残るし，努力した子が残ります。おしくも落選した子には，「あとちょっとでしたね。次，別の楽器を頑張るときは，先生も応援するから頑張りなさい」とはげまします。
この条件で合格者にあまり差がつかず選考しにくい場合は，条件を厳しくして再チャレンジさせます。厳しくなる条件とは，速さのことです。

これまでテンポ120位だったのを，140以上に上げて叩いてみます。すると，120よりは明らかな差が出てくるので，選考しやすくなります。

～おまけ（超上級者向け）～

これまで，「１と２と３と４と」の「と」の部分で叩いていた手を逆にして，「１．２．３．４」の部分で手を叩くよう，リズムの裏と表をひっくり返すことができるか，ということに挑戦してもらいます。

つまり，「と」の部分がメトロノームのカチッという音と重なることになります。これは読者の皆様ぜひ挑戦してみてください。これができれば，あなたはリズムの達人です（笑）

頑張ったけれど，あと一歩およばず落選した子には，次にやりたい鍵盤楽器などにも立候補するのも配慮しますが，バランスも考慮し，小物の打楽器を足すことができるときには，次点の子から採用していきます。ラテンテイストの曲などは，コンガ，ボンゴ，ギロ，マラカス，タンバリンなどなど，いくらでも足せる楽器があるので，こういったところで出番を確保します。

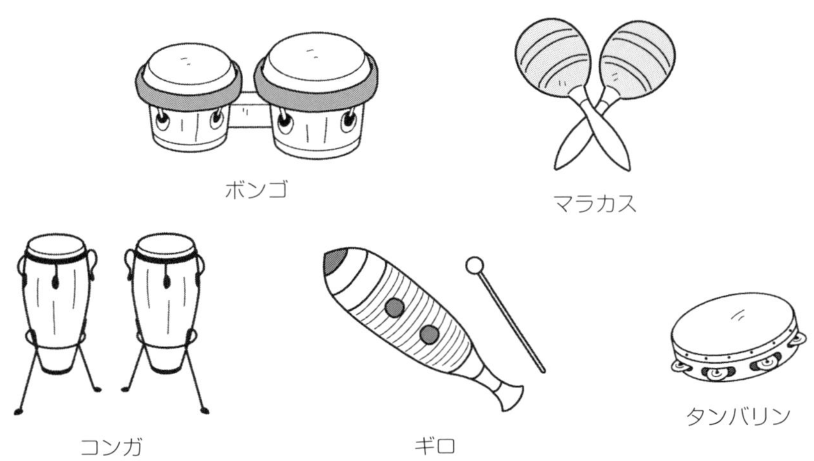

④　３度上と下でハーモニーの醍醐味を味わう

歌が苦手という子に聞いてみると，どうやら自分が出している音の音程が自分でもよく分からないという意見をよく耳にします。そういう子どもは，歌うとき，大きな声を出して外れているんじゃないかと気になり，だんだん歌うのが嫌になってくるのだそうです。

でも，そのような子どもも音楽は好きということが多く，歌ではなく楽器での表現を楽しんでいます。

特に同じ楽器同士で３度上と３度下のハーモニーを奏でるときは，その感覚がとても楽しいようです。

合奏曲などでパートが少ない場合，メロディーの３度上か３度下に新たなメロディーを付けて演奏するのも，ハーモニーが響いてきれいです。

すでにその編曲がされた曲がたくさんあるので，紹介します。

・３度下のハーモニー

「つばさをください」のサビ「旅立ちの日に」「この星に生まれて」

「歌よありがとう」「Believe」「もみじ」など

・３度上のハーモニー

「たんぽぽ」「涙をこえて」「離陸準備完了」「ぼくのひこうき」など

慣れてくると，即興で，この３度上と３度下は取れるようになってきます。よくカラオケなどに行って，どんな曲でも器用にハモりを付けている人はこのテクニックを使っていることが多いです。

歌では音が取りにくいハーモニーでも，楽器で演奏するとうまく和音になります。歌の練習で音が取りにくい場合は，まずパート練習のときに，そのパートの誰か１人がリコーダーや鍵盤ハーモニカで音を取って，それにみんなが合わせると，和音がうまくいきやすいです。

５年生，６年生で出てくる３つの音による和音の響きを感じる際にも，歌の前に楽器で音程を取っておくと合わせやすいです。

⑤　1年に1回は大曲に挑戦

教科書の巻末に，その学年で取り組める，その学年の発達段階ならではの集大成としての合唱曲，合奏曲が掲載されています。もしくは，先生が気に入った持ち込み曲でもかまいません。1年に1曲はがっつりした大曲に取り組むことをおすすめします。

卒業した子どもたちが，時折小学校に遊びに来たとき，必ず話題になるのが，「そういえばあのとき，この曲演奏したよね～」という演奏のことです。曲を思い出す度に，あの頃の思い出が蘇ってくる，そんな曲を毎年生み出せたら，先生にとっても一生忘れられない思い出の曲となります。

⑥　障害のある子も音楽が楽しめる工夫

私は過去，聴覚障害を持つ子どもさんの音楽を専科で担当したことがあります。その子は当時6年生でした。支援員の先生がその子に付き，先生や友達の会話を手話と筆談で伝えていました。

音楽の授業については，できる範囲で参加させたいという親御さんの希望もあり，クラスのみんなと同じように受けるようにしていました。

聴覚障害があるので，言葉の発音も難しく，音程を取って歌うのは困難な状況でした。そのため，歌よりも器楽，リズム遊び中心の授業を進めました。

その際有効な手だてが2つありました。

視覚情報でリードする

リコーダーの演奏などは，模造紙に楽譜を階名書きしたものを使い，それを指示棒で押さえながら演奏させました。

このとき，伴奏と同じタイミングだと，演奏に若干のタイムラグが生じ，その子の演奏が遅れました。何度かタイミングを計りながら，みんなと同じタイミングで演奏ができる楽譜の押さえ方を私がマスターしたとき，ぴったりと合った演奏ができました。ずれを修正するのにどのタイミングかをこちらが把握すれば難聴傾向の児童でも演奏は可能ということが分かりました。

体に触れてリズムを取る

この文面のままです。リズムや拍を取るときは，肩や手に触れてそのリズムを伝えてあげると，うまくリズムに乗ることができました。

【楽譜 「こきょうの人々」】

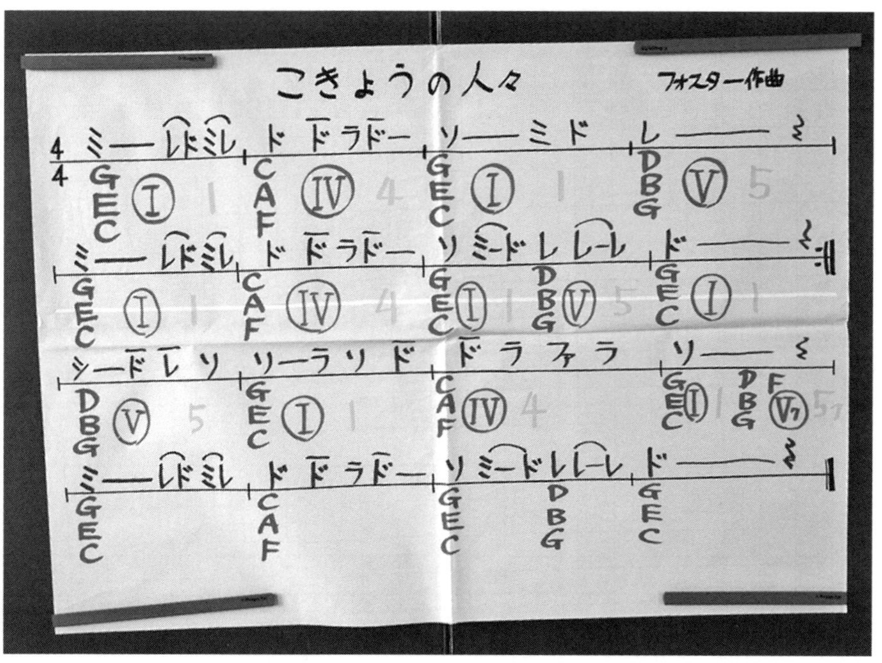

【楽譜 「とんび」】

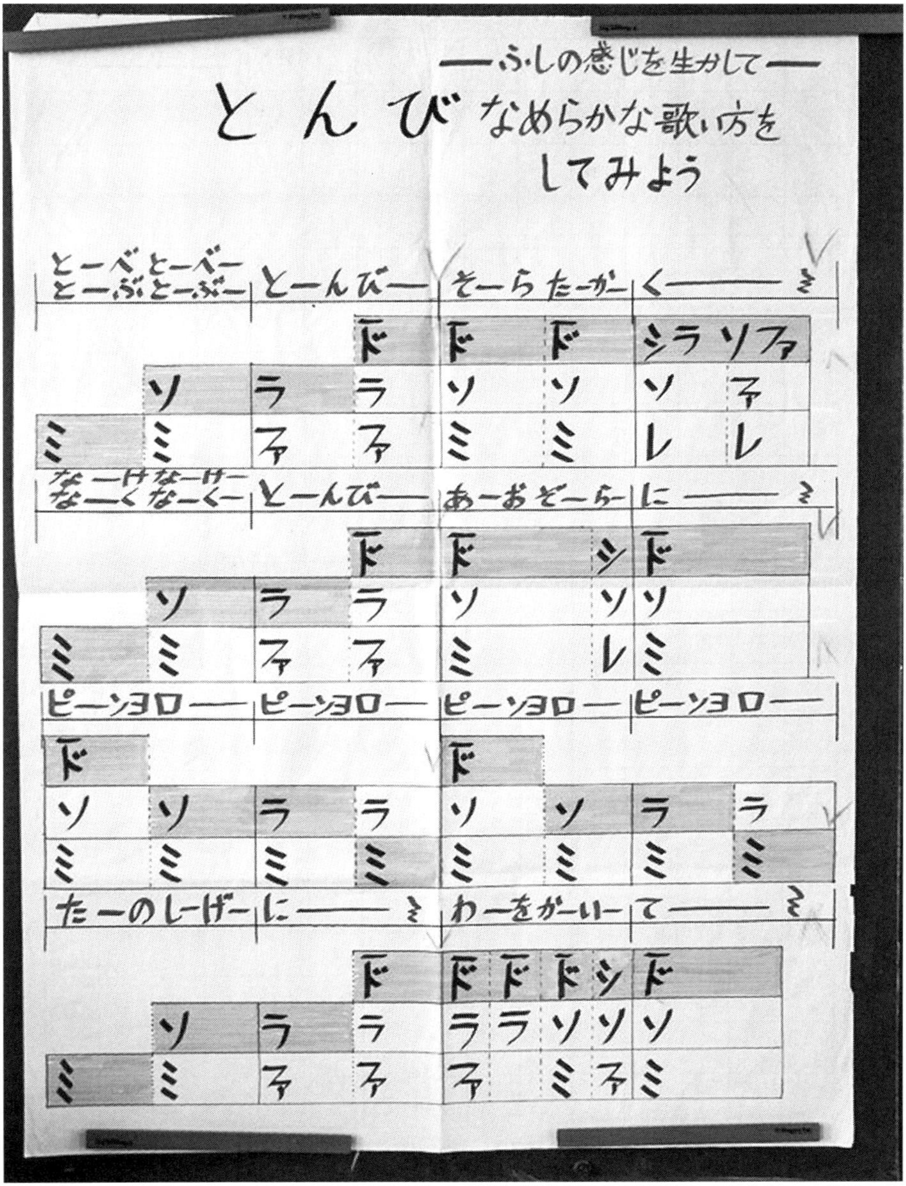

音楽づくりの授業アイデア

音楽づくりでは，音楽が持つ色々な要素に着目し，発達段階に応じた仕掛けをすることで，取り組みやすくなります。

新学習指導要領にはA表現(3)ア，イ，ウに記されています。

第１学年及び第２学年

(3)　音楽づくりの活動を通して，次の事項を身に付けることができるよう指導する。

ア　音楽づくりについての知識や技能を得たり生かしたりしながら，
　次の㋐及び㋑をできるようにすること。
　㋐　音遊びを通して，音楽づくりの発想を得ること。
　㋑　どのように音を音楽にしていくかについて思いをもつこと。

イ　次の㋐及び㋑について，それらが生み出す面白さなどと関わらせて気付くこと。
　㋐　声や身の回りの様々な音の特徴
　㋑　音やフレーズのつなげ方の特徴

ウ　発想を生かした表現や，思いに合った表現をするために必要な次の㋐及び㋑の技能を身に付けること。
　㋐　設定した条件に基づいて，即興的に音を選んだりつなげたりして表現する技能
　㋑　音楽の仕組みを用いて，簡単な音楽をつくる技能

第３学年及び第４学年

ア　音楽づくりについての知識や技能を得たり生かしたりしながら，
　次の㋐及び㋑をできるようにすること。
　㋐　即興的に表現することを通して，音楽づくりの発想を得ること。
　㋑　音を音楽へと構成することを通して，どのようにまとまりを意識した音楽をつくるかについて思いや意図をもつこと。

イ　次の㋐及び㋑について，それらが生み出すよさや面白さなどと関わらせて気付くこと。
　㋐　いろいろな音の響きやそれらの組合せの特徴
　㋑　音やフレーズのつなげ方や重ね方の特徴

ウ　発想を生かした表現や，思いや意図に合った表現をするために必要な次の㋐及び㋑の技能を身に付けること。
　㋐　設定した条件に基づいて，即興的に音を選択したり組み合わせたりして表現する技能
　㋑　音楽の仕組みを用いて，音楽をつくる技能

第５学年及び第６学年

ア　音楽づくりについての知識や技能を得たり生かしたりしながら，
　次の㋐及び㋑をできるようにすること。
　㋐　即興的に表現することを通して，音楽づくりの様々な発想を得ること。
　㋑　音を音楽へと構成することを通して，どのように全体のまとまりを意識した音楽をつくるかについて思いや意図をもつこと。

イ　次の(ア)及び(イ)について，それらが生み出すよさや面白さなどと関わらせて理解すること。
　(ア)　いろいろな音の響きやそれらの組合せの特徴
　(イ)　音やフレーズのつなげ方や重ね方の特徴
ウ　発想を生かした表現や，思いや意図に合った表現をするために必要な次の(ア)及び(イ)の技能を身に付けること。
　(ア)　設定した条件に基づいて，即興的に音を選択したり組み合わせたりして表現する技能
　(イ)　音楽の仕組みを用いて，音楽をつくる技能

①　ボディパーカッションでリズムづくり

リズムで音楽づくりを行う活動として，中学年によるボディパーカッションを紹介します。

ボディパーカッションとは，体の色々な場所を叩いて音を出し，リズムアンサンブルをつくる活動です。

ここでご紹介するのは，ボディパーカッションの第一人者，山田俊之先生のワークショップを何度か受けて，私なりのアレンジを入れた取り組みです。

私が取り組んだ実践は，町の音楽会で発表した「ＷＡになっておどろう」の中間部に，ボディパーカッションのグループソロを入れたものです。２時間の活動で，広さが必要なので，場所は体育館で行いました。

・１時間目

今日は，４小節の，自分たちが考えたリズムをつくります。
でも，いきなりつくれと言われても難しいので，今日はこのリズムカードを使います。

まずリズムカードを紹介します。

Ｂ５の大きさと，Ｂ４の大きさの紙に色んなリズムが書かれたものを用意しておきましょう。

【リズムカード】

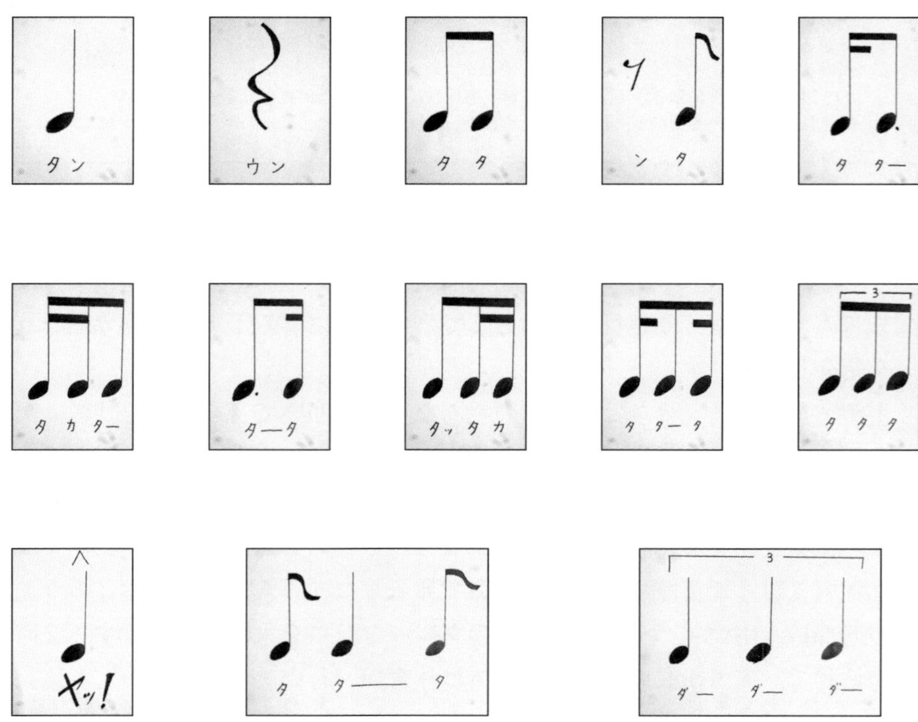

紙の大きさの違いは何の違いか分かりますか？

答えは拍の長さです。つまり，Ｂ５を１拍分としているので，Ｂ４は２拍分になります。今回つくろうとしているソロの長さは，４分の４拍子，４小節なので，４拍×４小節＝16拍。Ｂ５であれば，合計16枚必要ということになります。

視覚的に拍の長さを捉えさせ，とりあえずＢ５を16枚か，あるいはＢ４を８枚並べればソロが完成する，という完成のイメージを持たせます。

Ｂ５だと16枚分という長さ，というルールに加えて，もう１つルールがあります。それは　最後の１枚は必ず，「ヤ！」というカードにするということです。

どのパートも，フリーでよいのですが，最後の１拍は「ヤ！」で締めくくりたかったのと，ソロパートを同時に演奏したら賑やかで楽しいだろうなという思い付きで，そうしてみました。

ここからは，グループで話し合っての作業です。並べたリズムをみんなで叩いてみて，かっこいいと思えるリズムをつくりましょう。

グループごとに，リズムカードを取ってきて並べ，リズム打ちをしています。教師はここで，巡視しながらリズムカードのリズムが分からないグループ，かっこよくする工夫で迷っているグループにアドバイスをします。

具体的には１，３拍目，または２，４拍目の音符は同じものを使うと繰り返しの効果でリズムが安定し，かっこよく聞こえること，４分音符でなく，16分音符が入ったリズムパターンを使うと，細かいリズムが勢いを付けかっこいいこと，などを伝えます。

またこの際，小節をまたぐと打ちにくい，「２拍３連」と，８分＋４分＋８分音符の２拍型について説明します。Ｂ４の紙に書かれたこの２つのリズムパターンは小節の１，２拍目か３，４拍目に来ると打ちやすくはまるけれど２，３拍目，４，１拍目にかけて使用すると，リズムを叩いていて裏返ったような感覚になるため，そこでは使わないよう教えます。

ではここで，中間発表会をします。

授業の途中で，各グループの現段階のリズム譜をみんなで叩いてみます。

すると，取りやすいリズムと，取りにくいリズムが出てきます。また，繰り返しがあるものや，裏拍をうまく利用したもの，シンコペーションを取り入れたものなど，かっこいい要素がいくつか発見されます。

【作成例】

話し合ってもう少し変えたいところを決め，完成させましょう。

自分たちのグループのよさは残しながら，叩きにくいリズムを修正し，リズム譜が完成です。

・２時間目

できあがったリズム譜を元に，体のどの部分を使って叩くか，ということを話し合って決めていきます。

ボディパーカッションで使う体の叩く場所をおさえます。

① 手を叩く
② ももを叩く
③ 足踏み
④ ジャンプ
⑤ 胸を叩く
⑥ お腹を叩く
⑦ おしりを叩く
⑧ すねを叩く
⑨ 両手を交差して肩を叩く

ボディパーカッションは，ただのリズム打ちではなく，体全体を使ったパフォーマンスの要素も大きいので，どう観客に見せるかという観点も大事になってきます。

叩く部位は，①の方が音が大きくクリアで，⑨にいくほど，音が小さくにぶくなります。グループで，パフォーマンスをそろえるときは，この部位を叩きながら，さらに口でそのリズムを言うようにすると盛り上がります。

例えば，「タンタンタタータ　　タカタカタッタンタン
　　　　　タタタンタタタン　　タカタカタカタカタンヤ！」

完成したら，「WA になって踊ろう」の曲の間に入れて演奏してみます。1，2番が終わった間奏の部分に，みんながつくったボディパーカッションを入れます。

私が取り組んだときは36人だったので，6人の6グループをつくり，間奏の部分では1グループごとに順番に前に出てきて，ボディパーカッションのパフォーマンスをしました。

各グループが前に出そろうまでの間は，伴奏として「WA になって踊ろう」の前奏のメロディーを繰り返し待ちます。出そろったところで，グループのリーダーがカウントを取ってパフォーマンスに入ります。カウントは，「ワン，ツー，1，2，3，4」で取ります。

ボディパーカッションのパフォーマンスをしているときは，サビの伴奏をコードで弾いてあげるとまとまり感があってうまくいきます。

全グループのパフォーマンスが終わったところで，再び「WA になって踊ろう」の「イレアイエ」の歌詞に入ります。

最後の見せ場は，歌が終わって伴奏が残り，各グループがソロでパフォーマンスしたときと同じ要領で，全員が自分のグループのソロを同時にします。すると，バラバラに思えていたリズムが複雑に絡み合って，すごいボディパーカッションになります。

決めは，最後の「ヤ！」です。この最後の同時にそれぞれのソロを全員がやるというのは，練習しないと合いませんが，やれば絶対に合うようになってくるので，おすすめです。

②　ブロック楽譜でメロディーづくり

全くのオリジナルメロディーをつくる際には，パソコンの音楽ソフトを使うのがおすすめです。私の勤務している大分県由布市は，全学校に「ジャストスマイル」という一太郎の子ども版を導入しています。その中に音楽ソフトが入っていますが，使い方も簡単で，すぐに簡易な曲をつくることができます。

カーソルで，五線譜に音符を並べ，再生する。これまでのアナログ世界では，実際に楽譜を書き，音をリコーダーや鍵盤楽器で確かめながらだったので，楽譜の苦手な子にはもう手も出ないといった状況だったのが，これでずいぶん解消されました。

ここでもう１つ紹介したいのは，私の師匠でもあり，全国にファンがいる，大阪の戎博志先生が考案したブロック楽譜です。次ページに紹介していますが，曲の小節（またはもう少し細かいくくりで）ごとに，すでにいくつか選ばれた音があり，それを子どもがセレクトし，オリジナルのフレーズをつくるといったものです。

作品の持つ和音からはみ出ない音をブロック楽譜にしているので，どのブロックを選んでも外れた音はせず，一体感があるフレーズになります。また，曲本来の主旋律に対して，対旋律が簡単につくれ，子どももすぐに演奏できるので，自信につながります。これまた，全員で演奏してもたくさんの響きが生まれ，心地よい活動になります。

・ブロック楽譜の使い方

①　印刷して１人に１枚渡します。

②　階名が書いてあるブロックを選び色を塗ります。
　１つのブロックが１拍を表したり，２拍を表したりしています。

③　色を塗った旋律をリコーダーや歌で演奏します。

④　自分でつくった旋律を自分で演奏，友達がつくった旋律をみんなで演奏，全員でそれぞれがつくった旋律を演奏など，色んな合わせ方があります。

うさぎ

3年　　組　名前

活動のステップ

❶ 歌い方を工夫しよう。 例：様子を思い浮かべて，交互唱で（発音・発声・顔の表情）
❷ 速度を工夫しよう。
❸ リズムや音程に気を付けよう。
❹ 下の楽譜の好きなところに色を塗り（たて１列につき１マス），みんなでリコーダーで合わせよう。
❺ 次の音やリズムを使って，２小節の終わり（後奏）をつくろう。

使う音

（２小節で）

２小節の後奏の後は，
ミ，ラ，シのどれかを吹く

使うリズム

1小節目		2小節目		3小節目		4小節目		5小節目		6小節目		7小節目		8小節目		9小節目	
う	さぎ	うさ	ぎ	なに	みて	はね	る	じゅう	ごや	おつき	さま	みて	は	ーー	ね	る	
									ド								
			シ				シ			シ	シ	シ	シ				シ
	ラ	ラ			ラ	ラ		ラ	ラ		ラ		ラ	ラ	ラ		ラ
ファ	ファ			ファ	ファ					ファ		ファ		ファ	ファ		
		ミ	ミ			ミ	ミ	ミ	ミ		ミ		ミ			ミ	ミ
		レ	レ			レ	レ					レ					

とんび

４年　　　組　名前

活動のステップ

❶ 下の楽譜の好きなところに色を塗ろう。（たて１列につき１マス）
❷ 自分が塗った色の音を，お友達のメロディーや教科書のメロディーと比べてみよう。
❸ 塗った色をリコーダーで吹き，歌と合わせてみよう。思ったような曲ができたかな。

※４小節目のはじめの音で「シ」を選んだら，必ず「シ→ラ→ソ→ファ」と進む

と　べとーべー　とーん　び　そ　らたーかー　く　　な　けなーけー　とーん　び　あ　おぞーらー　に

1小節目		2小節目		3小節目		4小節目		5小節目		6小節目		7小節目		8小節目	
			ド	ド	ド						ド	ド		ド	／
						シ							シ		／
		ラ	ラ			ラ				ラ	ラ				／
	ソ			ソ	ソ	ソ	ソ		ソ			ソ	ソ	ソ	／
		ファ	ファ				ファ ファ			ファ	ファ		ファ		／
ミ	ミ			ミ	ミ			ミ	ミ			ミ		ミ	／
						レ	レ						レ		／

ピン　ヨ　ロー　ピン　ヨ　ロー　ピン　ヨ　ロー　ピン　ヨ　ロー　た　のしーげー　に　　わ　をかーいー　て

9小節目		10小節目		11小節目		12小節目		13小節目		14小節目		15小節目		16小節目	
ド				ド							ド	ド ド	ド	ド	／
													シ		／
		ラ	ラ			ラ	ラ			ラ	ラ	ラ ラ			／
ソ	ソ			ソ	ソ				ソ				ソ ソ	ソ	／
										ファ	ファ	ファ	ファ		／
ミ	ミ	ミ	ミ	ミ	ミ	ミ	ミ	ミ	ミ				ミ	ミ	／
															／

子もり唄

5年　　　組　名前

活動のステップ

❶　5～8小節目の好きなところに色を塗って（たて1列につき1マス），メロディーをつくってみよう。（最後はレで終わります）
❷　つくった音をリコーダーで吹いて，みんなで味わってみよう。
❸　1～4小節目のメロディーとの違いを実感してみよう。
❹　ミとラの音を半音下げてリコーダーやオルガンで演奏して歌に合わせよう。どんなちがいを感じましたか？

【リコーダーの指番号】

ラ♭：012・456（半分）　ミ♭：0123456（半分）

※「半分」というのは，二つ並んだ穴のうち，大きい方だけをふさぐようにします。

ね ーん ね ん　こ ろ り よ　お こ ろ り よ　ぼ ーう や は　よ い こ だ　ね ん ね し な

1小節目	2小節目	3小節目	4小節目	5小節目	6小節目	7小節目	8小節目
	ド	ド		ド ド ド	ド ド ド ド	ド ド ド ド	
ラ ラ	ラ ラ	ラ		ラ ラ ラ	ラ ラ ラ ラ	ラ ラ ラ ラ	
ソ	ソ	ソ	ソ	ソ ソ ソ	ソ ソ ソ ソ	ソ ソ ソ ソ	
		ミ		ミ ミ ミ	ミ ミ ミ ミ	ミ ミ ミ ミ	
				レ レ レ	レ レ レ レ	レ レ レ レ	レ
				ド ド ド	ド ド ド ド	ド ド ド ド	

③　擬音や心象音で音楽づくり

音楽で何かを表現するとき，最初はそのものの音だったり，似せた音という「擬音」だったりします。

例えば，１年生で出てくる「星空の様子を表す音楽」では，キラキラした音のすず，トライアングル，鉄琴が用いられています。これは，キラキラというイメージの金属系の楽器で，星のイメージを表現しています。

３年生になると，「魔法の音楽」では，魔法をイメージする擬音からはじまります。子どもたちはその音を聞いて不思議な感じがすると言ったような感覚を味わえる音選びをするようになります。

高学年になると，悲しい場面，うれしい場面，楽しい場面，苦しい場面といったように表現する対象が心の音に直結しています。ここまで来ると擬音でなく，「心象音」になってきます。

そのためには，日頃からたくさんの「音遊び」「音体験」をすることが大事になってきます。図工で言うと，「色遊び」「素材遊び」に当たります。

この楽器はこんな音が出る，こんな叩き方をしたら違った響きになったよ，とか，この音とこの音は一緒に鳴らすと調和して響きあうよ，でもこの音とこの音は何かぶつかり合っているよなど，子どもが何かをアウトプットするためには，それなりの体験，情報のインプットが必要です。

何でも自由に楽器をさわらせると，音ががちゃがちゃしてうるさくなるだけですが，班ごとに好きな楽器を自由に演奏，それを他の子どもたちは聞く，という時間を毎時間持てば，この問題は解決します。

音を出す子（班）も，雑音の中だと，自分の音が聞こえないし，適当にやろうとする傾向が高まりますが，人数が少ない中で音を出すと，自分の音がよく聞こえるし，みんなに聞かれているという適度な緊張感がいい場のコントロールを生みます。

そうすることで，最初は「擬音」しか表現できなかった子どもも，音の体験が増えてくると，「心象音」を表現できるようになってきます。

鑑賞の授業アイデア

①　授業成功の知識＆ワザ

・音にこだわろう

鑑賞の領域についてですが，究極の理想は，すべて生演奏です。しかし，それはどう考えても理想でしかありません。学校で観劇やコンサートを企画する場合，何年かに一度は音楽を生演奏で鑑賞できる機会をつくるのは，子どもにとって，感性を育てる上でとても重要なことです。

しかし多くの場合は，ＣＤやＤＶＤを利用しての鑑賞だと思います。この場合，ＣＤなどを再生する機器はなるべくよいものを使用することを望みます。学校ではそんなに高価なステレオセットを購入することはできないかもしれませんが，出力の大きい機器を使うと，聞こえる音が全く違ってきます。

ですから，日頃音楽の授業を教室でやっている担任の先生は，ぜひとも音楽室に行き，音楽室のステレオセットで鑑賞すると，いい音で鑑賞ができます。

・ワークシートの工夫

ワークシートは，鑑賞の際，重要なアイテムになります。その鑑賞でのねらいが明確に捉えられるような項目を必ず入れておきます。また，自由記載の部分を取っておくことも大事です。自由に書くスペースには，絵でもいいよと言っておくと，面白い表現が見られます。

【ワークシート例】

（　）年（　）組（　）番　名前（　　　　　　　）
1．　年　月　日　（　曜）（　）時間目
2．聴いた曲　（　　　　　　　）
3．作曲者　（　　　　　　　）
4．演奏形態　（　　　　　　　）
5．曲の特徴で気付いたこと
6．感想（絵でもよい）
7．先生に何か一言

②　学年別の鑑賞授業アイデア

・低学年の鑑賞

低学年は，まだ文章表現がうまくできないので，鑑賞曲に合わせて体を動かしたり，リズム（拍子）を取って手拍子したりという身体表現で評価するのがおすすめです。

特に音の高さをイメージした身体表現，音が高いと起立の状態，低いとしゃがむといったもの，それにリズムを感じ手を叩いたり，体を揺らしたりという活動は評価しやすいです。

・中学年の鑑賞

中学年は文章表現もできてくるので，文章での感想を書くこと，それに加え発想が面白く，自由な表現ができる発達段階なので，絵を描いて感想を表現するという活動もおすすめです。

1回目聴くときは，曲の感じを①どんな色，②どんな線，③どんな強さ，④どんな速さで描くか，イメージさせます。

２回目の鑑賞で，自由に絵を描かせます。「剣の舞」や「ハンガリー舞曲第５番」などテンポが良く，動きのある曲がおすすめです。曲調を色，フレーズ（音）の動きを線，音の強弱を筆圧，曲のテンポが描く速さで表現する傾向がありますが，そこで子どもに制限（枠）をかけない方が面白い作品が出てくるので，そのことには触れずに描くことをおすすめします。

中には具体物をイメージし，草原の中のベンチで揺られている感じと言ってそういった絵を描く子もいます。

・高学年の鑑賞

高学年はより複雑で繊細な音の情報も聞き分けられる耳が育ってきているので，文章表現で，感想を書くのがおすすめです。

視点を変えて，「この曲を聴いて何か物語をつくろう」という問いかけも有効です。

曲の時間軸に合わせ，何がどうしていったという展開もあれば，曲全体のイメージで，この曲がＢＧＭになる場面を想像した物語を書くという展開もあります。

いずれにしても，鑑賞の感想をただ書きなさい，と言うのでなく，アウトプットに工夫をすると，鑑賞の活動も，鑑賞なのだけれど表現しているという活動に変わります。

COLUMN

03

音のインプットとは？

音楽を演奏する際，聴くこと（インプット）と演奏すること（アウトプット）では，前者の聴くこと（インプット）の方が大事になります。

その際，まずは自分がどんな音を出しているかを知ることが第一です。

音程や音質，強弱や響きなどを感じていないと，人と合わせることはできません。客観的に分かりやすいのが録音したものを聴くことです。プロセスで録音を用いることは有効ですが，最終的には演奏しながら自分の音を聴くのが大事になるので，そういった聴き方が出来るよう，耳の聴き方を習得するのが必須となります。

自分の音が聞けるようになったら次は周りの音です。まずは隣の子がどんな音を出しているか聴きながら，自分の音を出す事からはじめます。「小さな耳で隣の子の音を聴いてみよう」と声をかけます。そうするとこれまで大きな音で演奏していた子が少し自分の音量を下げて，相手の音を聴こうとする姿勢になります。ここが最も大事で，聴くためのコツになります。

隣の子の音が聴けたら次は，同じパートの演奏を聴くことに耳を広げます。ここでは「中くらいの耳で同じパートの音を聴いてみよう」と声をかけます。複数の音を聴きあって音をそろえようとすると一体感が出てきます。

パートがそろうようになったら最後は「大きな耳で他のパートの音も聴きながら演奏してみよう」と声をかけます。すると離れたところで演奏する音も意識しはじめ，さらに演奏に一体感が出てきます。慣れたら，小さい耳で近くの音を聴きながら，同時に大きな耳で全体の音も聴き，そして自分の音を聴いて合わせていけると素晴らしい演奏になってきます。

音楽が大活躍する！学級・学年イベント

入学式（新入生歓迎会）

①　入場は生演奏で

入学式で新入生が入場してくるときは，皆様の学校ではどんな音楽が流れますか？　ＣＤによる音楽にしても，行進曲風のものから，「チューリップ」や「春が来た」のような唱歌，はたまた流行の歌謡曲，「さんぽ」などの定番曲，「パッヘルベルのカノン」のようなクラシック曲などと色々とあると思います。

ここで，おすすめしたいのは，高学年による生演奏です。リコーダーや鍵盤ハーモニカでメロディーを吹き，ピアノで伴奏を付け，それに小太鼓，大太鼓などのリズム楽器を入れて演奏すれば，どんな曲でも立派な演奏になります。

入ってくる１年生が着席するまで演奏し，終わり方を決めておけば感動的な入場になります。ＣＤなどのメディアを使うにもいいですが，前の年度末に４，５年生あたりを使って，仕込みをしておけば準備は十分にできます。

何より，一生懸命な高学年の姿を新入生とその保護者に見せることは，百の言葉で説得するより効果があります。

②　演奏に歓迎の気持ちを込めよう

入学式の途中で，１年生に向け在校生から歓迎の言葉などを述べるプログラムは，多くの学校で採用しているのではないでしょうか。私が過去，勤務した学校は，１つ上の先輩である２年生が言葉を述べることが多かったです。

形式としては，代表の子どもが言う場合と，２年生全員で群読形式で言う場合がありました。やはり，全員の声で「ご入学，おめでとうございます！!!」と言うと，迫力があるし，凛とした声が体育館にこだまし，場が引き締まります。

歓迎の言葉の最後を締めくくるのに，よく「１年生になったら」が歌われます。式に参加した全員で歌いますが，入場で使った楽器を伴奏として入れると，なお盛り上がります。リズム伴奏をご紹介します。上が小太鼓パート，下が大太鼓パートです。

【リズム譜　「１年生になったら」】

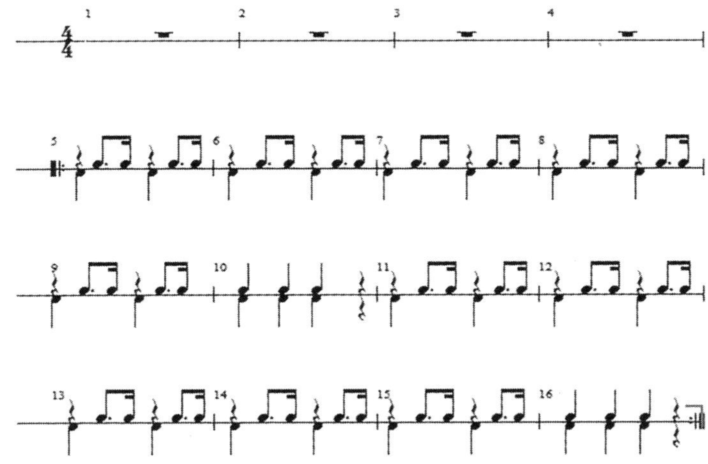

さらに，６年生の代表などが，歌に振り付けをして１年生の前で踊ると，１年生も緊張が解け，和らいだよい雰囲気に会場が包まれます。

子どもの歌や演奏は，緊張した式場の空気をやわらかく優しく，そして元気よく快活にしてくれる力を持っています。学年はじめに準備が十分できないので，入学式などの年度はじめにある行事については，前年度からの取り組みと申し送り，その学校の伝統にする，といったことが重要になります。

忙しい中の取り組みになりますが，１年生の笑顔と，それを見つめる保護者のまなざしを見たとき，やってよかったと必ず思える瞬間があります。それを味わえるこの時期の行事は，音楽抜きには語れないと思います。

COLUMN

04

“休符”を意識してみよう

演奏をしているとついつい音符に書かれた音を出すことに集中してしまい，休符の扱いが軽くなってしまいがちになります。

休符は休みではなく，拍を感じ次のフレーズや音をどう表現するかを決める大事な「間」になります。特に独奏・独唱でなく，２人以上で演奏するとき，この休符が同じ場所にあった場合，「ブレス（息）」をそろえることが最も大事なことになります。

ブレスをする深さ，速さ，タイミング，思いが共有できると「息のあった」演奏になります。

これは人の話を聴く場合にも応用できます。話している相手がするブレスに合わせて話を聴くだけで，話している人も「ものすごく聴いてもらっている」と強く感じるようになり，気が付けば何でこんなことまで話しているんだろうと驚かれるくらい相手が話しやすい聴き方になります。ブレスと同時に「うなずき」も合わせると効果倍増です。これは，傾聴の技術の１つです。

クラスソング

１年間，学級担任としてクラスに関わる場合，私はいつも「クラスソング」を決め，１年間歌い続けるようにしています。音楽の教科書に出ている歌でもかまいませんが，何か思いがあって決めた歌でもＯＫです。

・その歌のタイトルを学級通信のタイトルにすることもあります。
・１年間歌い込む歌なので，最終的にはどの学年でも二部合唱ができる曲を選曲します。
・朝の会や帰りの会，何か行事があって終わったときに締めの曲として歌うなど，要所要所で歌っていきます。

１年たったら，その時々の思い出とともに，記憶が鮮やかによみがえってきます。長い教師生活になりますが，同じ曲を選ばなかったら，子どもでなく先生の方が曲を聴いただけで，「あ，○年前の△年生だ！」とすぐに思い出すことができます。

同窓会で集まったときにも，カラオケＣＤなどを持参すると，成人してもなお，歌を覚えており，クラスソングが記憶にしっかり残っていることが確認できました。

3 今月の歌

① 学年，全校で共通の歌を

学校ごとで，取り組みが分かれるでしょうが，全校共通に歌う「今月の歌」を決める取り組みも，大きな仕掛けとしてはとても有効です。

やり方としては，委員会活動などで「音楽委員会」「集会委員会」「放送委員会」などと，その担当の先生で今月の歌の選定をします。

曲を選ぶときは，ＣＤの音源と，伴奏の楽譜集，子ども個人が持てるミニサイズの楽譜集がセットであるものがおすすめです。

全校が集まった集会や，行事などで歌っていくこともできますし，ゲストティーチャーが来たとき，お礼の歌としてプレゼントにも，ＰＴＡのとき，家の人に歌って聞かせることもできます。

② 季節感ある選曲で感性も鍛えよう

選曲に当たっては，年度当初，１年間を見通して11曲（８月の夏休みは除く）を決めておく方法と，毎月決めていく方法があります。

前者のメリットは，伴奏をかなり事前から練習できるので，子どもにも全校で歌う伴奏のチャンスをあげることができる点と，年間の計画に位置付けて指導ができる点です。

一方後者のメリットは，その時々のトピックにあった選曲ができることです。このとき，両者にいえる基準は「季節感」です。四季を通じて季節を感じられる歌を各季節１曲は選定しておくと，感性を鍛える点でもよいと思います。

月の歌の例

４月：「春の風」「ふるさとの春」「花」「どこかで春が」「おお牧場は緑」
５月：「こいのぼり」「せいくらべ」「茶つみ」「緑のラララ」
６月：「虹」「あめふりくまのこ」「かたつむり」「山賊の歌」
７月：「しおまねきのサンバ」「サモアの島」「いろんな木の実」
９月：「ゴー・ゴー・ゴー」「夏の日の贈りもの」「負けないで」
10・11月：「赤とんぼ」「里の秋」「もみじ」「まっかな秋」
「小さい秋見つけた」「秋の子」「赤鬼と青鬼のタンゴ」
12月：「赤鼻のトナカイ」「あわてんぼうのサンタクロース」「きよしこの夜」
「ジングルベル」「サンタクロースがやってくる」
１・２月：「雪」「スキー」「北風小僧の寒太郎」「たき火」
３月：「思い出のアルバム」「旅立ち」「夢の世界を」「さようなら」

③　行事と絡めて

ふれあいＰＴＡ（休日ＰＴＡ）などで，全校の児童と保護者が参加するような行事の場合は，親子で歌える歌を選んでおくとよいです。

おすすめの曲は下記です。

輪唱できる歌……………「気球に乗って」「静かな湖畔」
コール＆レスポンス……「大きな歌」「山賊の歌」「あの青い空のように」
など

④ 運動会応援歌

運動会で歌われる定番ソングは，なんと言っても橋本祥路さん作曲の「ゴーゴーゴー」です。音域，メロディー，二部合唱，どの要素をとってもうまくできています。

大規模校での運動会にも対応できるよう，赤組，白組の２色での歌詞をベースに，青組，緑組の歌詞も考えられています。１番が赤組，２番が白組，３番が紅白同時に歌うと，ハモるようにできています。

・伴奏を一工夫しよう

この歌の伴奏は，ＣＤでもいいのですが，大きな学校の場合，運動場のスピーカーからの音が遠くの児童に聞こえるのが遅れ，全体として歌がずれる傾向にあります。

そこでこの歌を運動会で歌う場合は，太鼓に合わせて歌うのをおすすめします。和太鼓よし，大太鼓よしです。

リズムは以下のリズムで叩くと，合うのでぜひお試しください。

【リズム譜　　「ゴーゴーゴー」（橋本祥路　作曲）】

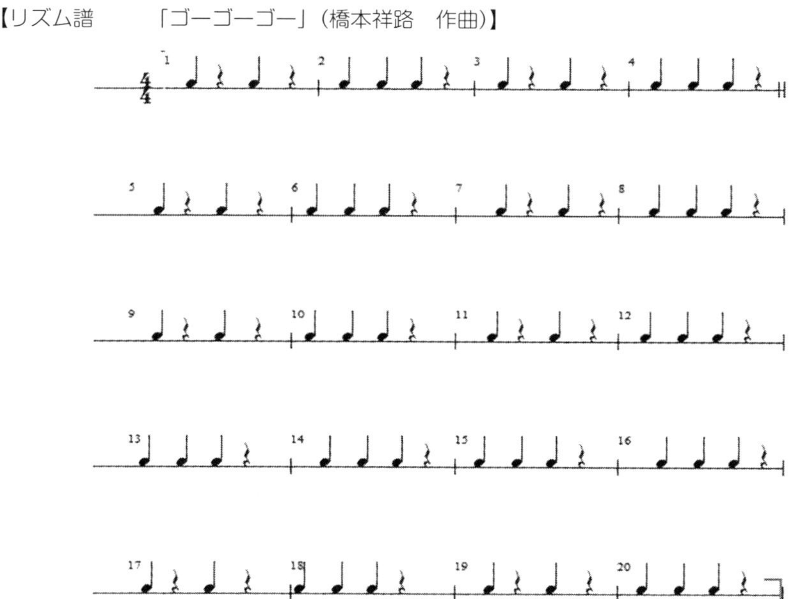

・動作化で盛り上がる

この曲の途中に出てくる歌詞「ゴーゴーゴー」のところと，最後の「やー！」のところは，拳をあげて歌うと，さらに盛り上がります。

❺ 合唱コンクール（音楽会）

① 選曲で成否が決まる?!

中学校の文化祭や，文化発表会では，クラス対抗で合唱コンクールが盛んですが，小学校では合唱コンクールというと，NHK が主催している夏のコンクールが思い浮かべられます。

こういったコンクール常連校には，そういった選曲のアドバイスは不要ですね。私より詳しく，熟達した素晴らしい指導者がすでに指導されています。

本書では，市や，町の音楽会が継続して行われている地域の先生方に選曲のアドバイスをと思います。

選曲のポイント

- 子どもの実態にあった，教師の願いや思いが込められた曲
- そもそも，合唱や合奏のための曲
  （子どもの演奏用の編曲がされたもの）
- 流行の曲（話題性のある曲）

一番は，子どもの実態にあった，教師の願いや思いが込められた曲です。音楽は音楽だけを伝えるのでなく，その中に秘められた「思い」を表現し伝えるものです。何でもない曲ではなく，そこに教師や子どもの思いが込められた曲というのがまず大事なことです。

次に，歌謡曲やテレビから流れてくる曲ではなく，合唱曲としてつくられ，編曲された曲であるということです。これは，子どもの発声の音域にも関わってきますが，こういった曲は歌えば歌い込むほど，きれいな響きになってきます。反対に，芸能人，歌手が歌うために作られた曲は，ちょっと聞いたときは，知っているということがあるためよく聞こえますが，歌い込んでく

ると，そろわなかったり，歌いにくい場面が出てきます。

３つ目は，旬な曲です。２つ目のポイントと相反するようですが，今話題の曲に取り組むことで，演奏する子ども，それを聴く聴衆双方が楽しく一体になれることがあります。これは，多くの方が知っているが故の一体感を感じられる曲と言うことになります。音楽が，表現するものだけでなく，それを鑑賞する人のためのものでもある，という大きなくくりで考えると，こういった選曲もありだと思います。

②　指導や練習は工夫しよう

練習に当たって，指導上まず留意しておかなければならないことがあります。

指導のポイント

・発表している最終形をイメージして，そこから逆算して計画を立てる
・最初からすべて決定事項ではなく，修正する余地を残しておく
・演奏だけでなく，態度や心持ちなど，子どもの様々な成長のチャンスと捉える

練習をはじめるときはいつも，本番の日がいつなのか，どこで発表し，どんな人たちがその演奏を聴いて，どんな気持ちになってほしいか，そのために今の自分にできる最大のことは？　ということを問います。

練習で演奏をはじめる前は，「さあ，１か月後の金曜11時，目の前にはほかの学校の友達，先生，地域の方々，みんなのお父さん，お母さんが300人。公民館のステージをイメージしましょう！」と言って，子どもにイメージを持たせます。そうすることで，姿勢や，気持ちも自然と本番に近いものになっていきます。

音楽の時間だけで，こういった行事の演奏を完成させるのは難しいので，

総合的な学習の時間や，ときには休み時間を効率よく使うのも，時間確保に必要なことです。指導時間を効率的にするため，二部合唱をするときは，最初の段階で上と下のパートを決定しておいて，歌い込ませます。ただ，練習していく過程で，どうしても上と下のバランスが悪くなったときは，パートの人数の微調整をします。その際は，こちらが一方的に決めるのではなく，バランスの悪さを録音しておいた音源を聴きながら，子どもに気付かせます。そして，「ここを修正するのに，パートを変わってもいいよという人いますか？」と子どもに尋ね，決めていきます。

合奏や，ピアノ伴奏などほかのパートと違い，余分に練習時間が必要なパートは，期間限定で休み時間にパート練習という形で仕上げていきます。それも練習期間の後半でなく，前半の早い段階で演奏できるようにし，後半の練習で定着するよう，時間を確保していきます。

ときおり，演奏を録画してそれを見せ，子どもにフィードバックさせるのもよい方法です。音楽面のことよりも，態度や姿勢面で多くのことに気付くので，意識が変わってきます。

③　歌わない場面も大事

最後の追い込みの練習では，「舞台に立つまで」「演奏が終わって舞台から降りて席に着くまでの態度」を意識させることで，演奏まで磨き込むことができます。

音楽発表会などで，よく惜しいなと思うのはこの部分です。演奏が終わった瞬間，緊張感が切れ，おしゃべりをしたり，姿勢が崩れたり，中には友達とふざける場面を時折目撃します。練習の段階で，出入りの態度を軽く扱っていると，こういった残念な結果になるので，ここまで含めた指導をすることを願います。さらに，ほかの学校や学年が演奏しているときの聴く態度が大事なのは，言うまでもありません。やはり最後は，「演奏会，演奏も態度もよかったね」で終わりたいですね。

 2分の1成人式・学年末感謝の会

学期末は，これまでの成長の成果を発表するのに最もふさわしい時期です。特に，音楽を生かしたイベントは，締めくくりにふさわしい感動的なイベントとなります。

①　音楽は感謝を表す最高の手段

７歳から卒業する12歳までの小学校６年間は，子どもの心身の成長が著しく，一生の中でもドラマティックな６年間です。その入り口と出口である「入学式」「卒業式」は，数ある学校行事の中でも最も重要な行事として位置付けられています。

節目を祝うという意味で，最近はこの二大行事に次いで，「２分の１成人式」に力を入れる学校が増えてきました。これは，20歳の成人式になぞらえたもので，その半分の10歳を迎える４年生に，10歳を迎えられたことを祝福するという意味があります。それと同時に，これまで自分を支えてくれた方々へ，子どもたちが感謝の気持ちを伝えるという思いが込められています。

「２分の１成人式」の多くは年度末のＰＴＡ授業参観を兼ねて行われることが多いです。学習発表の意味も含め「合唱」「合奏」「群読」「呼びかけ」「朗読劇」「特技・得意紹介」の発表，感謝を伝える「保護者への手紙」「保護者からのメッセージ」などが披露されます。

そんな中，音楽の持つ力は大きく，前述の「合唱」「合奏」は学習発表であると同時に，演奏に気持ちを込められるので感謝を表現する１つの手段にもなります。

「２分の１成人式」 式次第

1．はじめの言葉
2．２分の１成人証書授与（クラス代表）
3．群読「祭りだ，わっしょい！」（北原白秋）
4．合唱「Dream & Dream」（音楽会演奏曲：弓削田健介作詞・作曲）
5．合奏１「オーラ・リー」「茶色の小びん」（教科書掲載曲）
6．合奏２「ルパンⅢ世」（音楽会演奏曲）
7．合唱～家の方へメッセージ「どんなときも」（弓削田健介作詞・作曲）
8．終わりの言葉

② みんなが必ず感動する泣かせポイント

式の最後の歌は，弓削田健介作詞・作曲の「どんなときも」です。これまで，この「２分の１成人式」にちょうど合う曲がなかったのですが，この歌はぴったりです。

この歌のよいところは，以下の３つのメッセージが込められているところです。

・生まれて，これまでの10年の振り返り
・自分を支えてくれた，友達や家族，先生へ感謝を表す
・これからの未来を描き，新しい一歩を踏み出す

この歌を，さらに次の「泣かせポイント」で発表することで，より感動が増します。

泣かせポイント　1　隊形は，聴く人を囲むようにする（効果絶大）

この曲で，前面のステージで演奏していた子どもたちがホール内のお父さん，お母さんを囲むように円になります。正面から歌や演奏を聴くというのもよいのですが，ぐるっとまわりから，子どもの歌声に囲まれるというのも，実はとても心地よい感覚なのです。

1番の歌詞は，今一緒に過ごしている友達についての情景が描かれていますが，場面を想像したとき保護者が子どもだった頃を思い出すこともできます。その頃を思い出してか，今の我が子が友達と過ごしているかけがえのない時間を想像してか，1人，2人とハンカチで目頭を押さえる親御さんが出てきます。

泣かせポイント　2　曲の途中で，メッセージを読む

間奏に入ったところで子どもが，家の方に感謝の手紙を読んで渡します。子どもがそれぞれの家の方の前に行き，同時に読みます。一人一人だと照れくさいけれど，みんなで読むと安心して読めます。親子で向かい合って気持ちを伝えるこの瞬間は感極まり，親も子どもも涙する場面が多く見受けられます。

泣かせポイント　3　メッセージのＢＧＭは，オルゴール風

このとき伴奏を，１～２オクターブ上の鍵盤を使い，伴奏譜の音を少し抜いてオルゴール風に演奏すると，メッセージのＢＧＭとして効果的です。

「私を生んでくれてありがとう」「わがままばかり言ってきたけど，ここまで育ててくれてありがとう」「お母さんの子どもに生まれてよかったです」……幸せの空気でホールが埋め尽くされます。

そして２番。いつだって守られた，という内容の言葉が親に向けられると，さらに深く歌の世界へ浸らされます。最後のフレーズで感謝の言葉を歌う頃には，ほぼ全員の親御さんが涙していました。全身が音と言葉に満たされたその瞬間のきらめきは，一生それだけで生きていける力と優しさを伴い，鮮明に心に刻印されます。ああ，この子を生んでよかった，育ててきてよかった，この子の親でよかったと思える出来事を学校が演出する，その一番のキーポイントはやはり音楽だと確信しています。

当日まで，学校で音取りしながら歌の練習をしますが，登下校中や，家でも子どもはこの歌を口ずさんでいました。また，保護者との学級懇談で「うちの子が学校から帰って何か歌ってるなと思ったら，この曲だったんですね。お風呂でも，上機嫌で歌っていました（笑）」というエピソードも出てきて，人生の節目を彩る思い出の曲となったようです。

親子の絆というのは，最初から存在しているわけではありません。色んなやりとり，共有体験が絆をつくっていくのだと思います。その過程で，音楽がその絆をより一層強固なものにしていることを感じた「２分の１成人式」でした。皆様も，ぜひ音楽を中心にした学期末のイベントを仕組んでみてください。

⑦ 卒業式

① 取り組みは４月から

私がこれまで受け持った学年は，６年生が一番多いです。年度はじめの職員会議で，６年生を持つと決まったときから，どんな卒業式にするかというイメージを持つようにしています。

物事を成功させるための１つの方法に，目標が達成できた瞬間から逆戻しで考えるというものがあります。

半年後，１年後こうなってほしいという願いを，それに関わる周りにいる人たちへの感謝の手紙（文章）を書くことで，実現していくという自己啓発の方法に似ています。

究極は，１年後自分がもし死ぬことになったと仮定し，その自分の葬式での弔辞を自分で考えて書くというものです。「あなたは，〇〇小学校６年担任として，子どもの心に寄り添い，多くの子どもの可能性を信じ切り，そして実際多くの子どもたちに生きる希望と，喜びと力を与えました。教え子だけでなく，保護者，地域の方々からも惜しまれ，今日こうして，その教え子たちが見守る中，あなたは幸せに旅立っていくのですね〜〜」こうして，自分への弔辞を書くと，具体的にそのためにはどうしていかなければならないかというメンタルの部分が定まり，行動が決まってきます。

卒業式は呼びかけや歌がメインになりますが，実はそれは6年間，子どもたちが学び，培い，育んできた結晶なのです。呼びかけや，歌だけ上手くきれいに仕上げようとしても，うまくいきません。そこに至るまで，どれだけ一緒に汗と涙を流したかということが大事になってきます。

②　１学期～音域を広げる

卒業式で歌う歌を決めるのは２学期末くらいですが，１学期の段階では曲を決定するときに，この音域は声が出ないから別の曲にしようということが無いよう，どんな曲でも歌えるように，音域を広げることを意識しておきます。学年で複数のクラスがある場合は，学年会などで話をしておき，クラスにばらつきが出ないようにするのも大事なことです。

具体的に私がイメージしているのは最近よく卒業式で歌われている「旅立ちの日に」です。この曲の最高音はサビの部分，「このひろい，おおぞらに」の「おおぞら」の２つ目の「お」が上の「ファ」（F）の音です。

そこで，発声練習の時にはこの「ファ」の上の「ソ」（G）「ラ」（A）まで日頃から出すようにしておきます。

③　２学期～歌詞を味わう

曲の決定は２学期末にします。それは冬休み中にピアノ伴奏の子が練習できるようにという意味があります。

曲のメロディーであったり響きという音楽的な要素は置いておいて，その歌の歌詞を味わうのはこの時期からすると効果的です。

いくつか候補の曲の歌詞を教室の後ろや掲示コーナーに貼っておきます。毎日それとなく目にしていると，気持ちも卒業に向けて意識していけます。

④　卒業プロジェクトチーム

２学期末，12月に入ったら，この卒業プロジェクトチームを学年で組織します。

・卒業式の呼びかけ係
・卒業式の歌係
・卒業式の装飾係
・愛校作業係
・感謝の会係
・卒業文集係
・タイムカプセル係

など，学年のすべての子がどれかのチームに入って，卒業に向けた動きの中で何か１つ役割を果たしていくという仕掛けをつくります。

この中で一番最初に動き出すのが，卒業式の歌係です。掲示していたいくつかの曲を，実際にみんなに聴かせたりしながらみんなと先生の希望を調整し決定していきます。

決定後は学年集会の場で発表，ピアノ伴奏者の公募，練習計画と仕事は続きます。

ピアノ伴奏者は卒業式の花形でもあるので，ピアノを習っている子をはじめ，弾きたいという希望者が複数出てきます。

そこで，冬休み前に楽譜を配布し，１ヶ月の練習期間をつくり，１月末にオーディションを行い，伴奏者を決めます。

⑤ オーディション

オーディションは学年の先生方全員で行います。

まず，順番をじゃんけんやくじで決めます。次に，演奏を順にしますが，僅差の場合もあるので，ビデオ撮影や録音をしておきます。

審査は，楽譜通り，テンポよく弾けるかと言うことはもちろんですが，舞台度胸があるかという点も大事な審査の対象になります。演奏は上手なのだけれど，本番に弱く緊張すると全くダメというタイプの子もいるので，そこの見極めも大事です。

結果，合格者が決まりますが，次点だった子には校歌の伴奏などを頼み，出番をつくったりします。さらに次点の子には最後のＰＴＡでの演奏の曲の伴奏をお願いしたりするなど，努力してきたことを何らかの形で報われるよう教育的配慮をします。

⑥　式練習

２月から卒業式練習に入りますが，この時点で伴奏はオーディションで合格した子に弾いてもらいます。回数をこなすことで演奏もよくなります。練習100回という言葉がありますが，まさに本番まで，100回は曲を弾きこんで自分のものにしてもらいます。

先日，友人が所属する合唱団がコンクールで日本一になったのですが，全国大会，最高レベルの中で，最後何が優劣を決めたかというと，「どれだけ，その曲を愛したか。その曲を愛した分だけ，愛される」とおっしゃっていました。

私も市販されていない曲の合奏や合唱曲を編曲する場合，元の曲を100回から200回くらい聞き込んで音を拾ったり，響きを確認したりします。そうすると，曲が自分の中に入ってきて，演奏中など曲との一体感を味わうことが出来ます。伴奏の子どもにもその感覚を味わってもらうよう，声かけをします。

また，合唱の練習は最初，音取りを中心に音楽室でやり，パートの音が取れ形になってきたら，体育館など実際に歌う場所へと移ります。音楽室だと響いていた歌声も，体育館では響かなくなります。また，当日は，保護者に，来賓，在校生も入り，参加者の人数に比例して音は響きにくくなります。それを想定した練習が必要になってきます。

練習時，ひな壇に立ったとき，常に本番の景色をイメージしながら，誰にこの歌声を届けたいのか考えて歌うことで，ずいぶん歌はよくなります。

⑦　式当日

当日は，ばたばたしますが，朝集合してからの声出しは欠かせません。式場では音を出すのが難しい場合が多いので，最後は音楽室や多目的ホールなどで最終練習を行います。

ここで，教職員は，これまでの思いを振り返らせ，最後の仕上げをします。

本番の演奏が一番よいときがあれば，このときの最終練習が一番よいときもあります。いずれにせよ，６年担任と子どもとの最後の合唱練習なので，教師冥利に尽きる演奏になります。

⑧　本番

あとは，子どもを信じて見守るだけです。最高の演奏をＢＧＭに１年間の思いを胸に，６年担任として最高の時間を楽しんでください。

私は大抵，ここで泣いてしまいます。式の入退場，「別れの言葉」のＢＧＭに思い出の曲を流したり，演奏したりするとさらに思い出がよみがえり，音楽を通して共有した感動を再び味わうことができます。

⑨　余韻

教室にもどり，文字通り「最後の時間」を過ごすとき，これまでの思い出を振り返り，これからの将来に向けた言葉を述べる際には，ちょっと音楽で得た感動について触れるとよいと思います。この先の人生，つらいことや苦しいことがあったとき，それを乗り越えるのはそのときの自分自身ですが，その元気や頑張れる力の源になるのは，音楽を通じて得た過去の経験や思い出だったりするからです。

「no music　no life 」＝「音楽なしじゃ生きられない」までは言わなくても，音楽が人生に彩りを与えてくれることは伝えたいですね。

おわりに

「人生とは煎じ詰めれば良き人との出逢いです。君との出逢いが，その子にとって良き人生の一部となる君であってください。活躍を期待しています」

これは，大学時代の恩師，「小馬徹」教授が私に贈ってくださった言葉の１つです。

本書籍を執筆するにあたり多くの方々との良き出逢いに恵まれ，多大なるご協力を頂いたこと，心から感謝します。

地元新聞社が発行していた月刊誌に７年半教育現場ルポを「夏目貫石」というペンネームで連載をしていましたが，佐賀在住の放浪の作曲家，「弓削田健介」さんの楽譜集に記事を書かせていただいたのが全国誌に執筆をするきっかけとなりました。そこからこの本の執筆に繋がりました。

プロローグで書かせていただいた「貞松征夫」先生，ブロック楽譜提供の「戎博志」先生，トマティスメソッドの「日原美智子」さん，「森田理恵」さん，富士夢祭りの「内山大志」さん，旅の演奏家「丸山裕一郎」さん「はる」ちゃん，ボディパーカッションの「山田俊之」先生，合唱指導の「大志万明子」先生，プロフィール写真を撮っていただいた「中西康暢」先生，ミュージックテクノロジー阿蘇セミナーの先生方，由布市教育振興会音楽部会の先生方，ご協力ありがとうございました。

最後に，足かけ３年，遅筆の私に根気強くおつきあいいただいた編集部の木村悠さん，そして家庭で支えてくれた連れ合いに感謝します。ありがとうございました。

【著者紹介】

首藤　政秀（しゅとう　まさひで）

1968年２月生まれ。大分大学教育学部卒。高校・中学の講師，他業種や阪神淡路大震災の復興ボランティアなどを経て，現在の小学校教諭に。各界のスペシャリストを招き，子どもに「本物」を出逢わせる「出逢いの授業」をライフワークとしている。また，「音」を聴くコミュニケーションを軸にした「音学（おとがく）」を提唱。トーンチャイムを用いた「音のワークショップ」を全国で展開。草場一壽氏（陶彩画家・絵本作家）監督のドキュメンタリー映画「いのちのまつり～地球が教室」ほかドキュメンタリー映画３本に出演。現在，大分県由布市在住。由布市立西庄内小学校勤務。同業者の連れ合いと娘２人，ペットのうさぎ（ネザーランドドワーフ）と暮らす。

〔本文イラスト〕木村美穂

スペシャリスト直伝！
小学校音楽科授業成功の極意

2017年10月初版第１刷刊 ©著　者　首　藤　政　秀
発行者　藤　原　光　政
発行所　明治図書出版株式会社
http://www.meijitosho.co.jp
（企画）木村　悠（校正）中野　真実
〒114-0023　東京都北区滝野川7-46-1
振替00160-5-151318　電話03(5907)6702
ご注文窓口　電話03(5907)6668

＊検印省略　組版所　藤　原　印　刷　株　式　会　社

Printed in Japan　ISBN978-4-18-135022-2